Das badische Witzbüchle

Helmut Dold

Das badische Witzbüchle

150 viehmäßige Witz

Mit Zeichnungen von Björn Locke

Silberburg-Verlag

2. Auflage 2012

© 2012 by Silberburg-Verlag GmbH,
Schönbuchstraße 48, D-72074 Tübingen.
Alle Rechte vorbehalten.
Gestaltung und Satz: Wager Kommunikation GmbH,
Altenriet.
Druck: CPI books, Leck.
Printed in Germany.

ISBN 978-3-8425-1170-5

Besuchen Sie uns im Internet und entdecken Sie die
Vielfalt unseres Verlagsprogramms:
www.silberburg.de

Inhalt

Vorwort

Ich liebe Witze; und ich liebe es, Witze zu erzählen. Ein Auftritt vom Hämme ohne Witze? Undenkbar! Seit vielen Jahren sammle ich Witze in meinem kleinen »blauen Buch«. So war ich natürlich sofort Feuer und Flamme, als mich der Silberburg-Verlag auf dieses Projekt ansprach, das nun als »Das badische Witzbüchle« vor Ihnen liegt. Aber Achtung! Manche dieser kleinen Meisterwerke sind frech, derb, sexy oder gar ein bisschen frivol oder haben vielleicht ein leichtes »Gschmäckli«. Aber sie sind niemals wirklich böse oder gar verletzend. Und alle Witze sind in dem herrlichen Dialekt geschrieben, den wir Badner in und um Lahr und im Schuttertal »schwätze« und »babble«.

Beim Schreiben habe ich oft gemerkt, wie schwer es ist, einen Witz, den man normalerweise vor Publikum erzählt, aufs Papier zu bringen. Es fehlen die Pausen, die Dynamik, die Tempoveränderungen, die Gestik, die Mimik ... Drum: Wenn Ihnen einer meiner Witze ganz besonders gut gefällt, dann lesen Sie ihn laut! Tragen Sie ihn vor, erzählen Sie ihn vor Publikum!

Viel Spaß mit meinem Buch wünscht

De Hämme (Helmut Dold)
www.helmut-dold.de

Der Badner als solcher

Der Badner
als solcher

De Schorsch kummt an de Stammtisch, beidi Ohre verbunde. Sinni Kumpels froge: »Schorsch, wie isch denn des passiert?«

»Ich hab geschdern bügelt. Links vum Bügelbrett hab ich 's Bügeliise ghet, rechts min Handy. Es schellt un us Versähne heb ich mir 's Bügeliise ans Ohr!«

»Mensch, Schorsch, des isch jo echt Pech! Aber wie hesch der des andere Ohr verletzt?«

»Ha, der Simbel het nochmol angrufe!«

De Heiner war mit sinne Kollege vun de Alte Herre bim Vereinsusflug in Hamburg und het irgendwie de Anschluss verpasst. Mutterseeleallei isch er in so ä Hamburger Nachtlokal niimarschiert un schun isch so ä attraktive Dame uff ne zukumme un het ne gfrogt: »Na, junger Mann! Wie steht's mit Tanzen?«

De Heiner het gsait: »Ich bin zwar nit de John Travolta, aber des kriäge mer schun hii!«

Ä saubers Tänzli hänn sie mitnander hiiglegt un die attraktive Hamburger Dame het de Heiner gfrogt: »Na, junger Mann! Wie steht's mit einem Drink?«

De Heiner het gsait: »Ich bin zwar nit de Onassis, aber des kriäge mer au hii!«

Die Dame het sich ä Champagner gönnt un de Heiner ä Pils. Jetzt isch die attraktive Dame us Hamburg mutig wore un het gfrogt: »Na, junger

Der Badner
als solcher

Mann! Wie steht's? Gehen wir ins Separee?«

Un de Heiner het gsait: »Ich bin zwar nit de Casanova, aber des kriäge mer au no hii!«

Nachere halbe Stund sin sie die Stapfel widder runterkumme. Inzwische ware sie mitenander per Du un die attraktive Dame us Hamburg het gsait: »Heiner, du wirst Verständnis haben, aber ich muss mich auch um die anderen Gäste kümmern; bist du mit 350 Euro einverstanden?«

Un de Heiner het gsait: »Ich bin zwar kei Gigolo, aber Geld kammer immer gebruche!«

De Stammtisch het sich mitem Alfred immer ä Späßli gmacht. »Alfred, ich hab in de rechte Hand ä Euro un in de linke Hand 50 Cent! Was nimmsch?«

Un de Alfred het halt immer die 50 Cent gnumme un de Stammtisch het sich iiber de »Dorftrottel« kaputt glacht. Dann isch emol de Pfarrer am Stammtisch ghockt un het des grausame Spiel mitbekumme. Wu de Alfred uff's Klo isch, isch de Pfarrer mit un het gsait: »Alfred! Pass doch mol ä bissli uff! Ä Euro isch doch doppelt so viel wie 50 Cent. Die mache doch nur de Depp mit dir! 's nächschde Mol nimmsch de Euro!«

»Herr Pfarrer! Dankscheen fiir de Tipp! Aber wenn ich einmol de Euro nimm, spiele sie des Spiel nimmi mit mer!«

Der Badner
als solcher

De Bankdirektor stiegt in Lohr am Urteilsplatz in ä Taxi. De Taxifahrer frogt: »Herr Direktor – wohin geht die Fahrt?«

»Ganz egal! Mich brucht mer iiberall!«

De Sigger het am Stammtisch verzehlt: »Männer, ihr wisse jo, ich schaff schun ewig bi de Bank. Un am ledschde Dunnerschdig hab ich 25-jährigs Jubiläum ghet. Ich bin wie immer am Achti ins Gschäft un hab denkt, de Chor singt mer ä Ständerli, dann haltet de Bankdirekter ä Red, dann git's ä Gläsli Sekt un ä Bluemestrissli fiir minni Frau. Männer, nix wars – die hänn min Jubiläum vergesse!«

»Ja, was hesch gmacht, Sigger?«

»Ha, ich hab halt gschafft wie immer un am halber fünfe hab ich ganz enttäuscht minner Kittel anzoge un bin Richtung Usgang gloffe. Do ruft mir unseri attraktivschde Mitarbeiteri nach: »Herr Becherer! Hänn sie Luschd? Mir trinke bi mir deheim noch ä Gläsli Sekt?«

Ich hab denkt: »Wenigschtens eini, wu an min Jubiläum denkt het!«

»Mensch, Sigger! Des isch jo richtig spannend!«, het de Willi gmeint.

»Ha jo! Dann bin ich bi minnere Kollegin im Wohnzimmer gstande un hab ä Sektli trunke. Dann sait die plötzlich: »Herr Becherer! Ich verschwind jetzt im Schlafzimmer. Sie miän mir verspreche, Sie dürfe erschd kumme, wenn ich ruf!«

Der Badner
als solcher

»Mensch, Sigger! Des isch jo wie imme Krimi!«

»Ha! Ich wart fünf Minute, dann ruft die! Ich stürm in des Schlofzimmer – stelle eich vor, steht do die ganz Volksbank, alli Mitarbeiter: De Chef, sechs Bluemestriß sechs Flasche Sekt!«

»Mensch, Sigger! Do warsch aber vun de Socke, hä?«

»Hör mer uff! D' Socke ware s' Einzige, was ich noch anghet hab!«

De Mario isch bim Bund gsi un het folgender Brief bikumme: »Lieber Mario! Ich kann unsere Beziehung so nicht weiterführen. Die Entfernung, die zwischen uns liegt, ist zu groß. Ich muss auch zugeben, dass ich dich schon viermal betrogen habe, seit du bei der Bundeswehr bist, und das ist für keinen von uns in Ordnung. Sorry. Bitte schick mir mein Foto zurück, das ich dir gegeben habe. Gruß Michaela!«

De Mario war schwer verletzt, isch aber glich zu sinne Kamerade un het sämtliche Bilder vun ihre Freundinne, Schwestere, Cousine un Tantene iigsammelt un zsämme mit dem Bild vun de Michaela in ä Umschlag gsteckt. 67 Bilder sin's gsii. Un folgender Brief het er dezuglegt: »Liebe Michaela, ich weiß leider nicht mehr, wer du bist. Bitte such dein Bild raus und schicke mir den Rest zurück.

Servus, Mario.«

Der Badner
als solcher

De Dorfmetzger het Silberni Hochzit gfiert. Sinni Kegelfreunde hänn sinnere Gerda un ihm ä Opernobe im Festspielhus in Bade-Bade gschenkt. Wu de Fritz us dem Festspielhus ruskummt, fangt's an z' rägne. De Fritz schittelt de Kopf un sait: »Des au noch!«

De Schneider Buur isch zum große Buurekongress nach Leipzig ganz umweltbewusst mitem Zug gfahre. In Offeburg ischer in dänne ICE iigstiege un het sich gfreit, dass er ä ganzes Abteil fiir sich ghet het. In Bade-Bade isch die Tiier uffgange un ä elegante Dame im ä scheene Kostüm isch in sin Abteil kumme un het gsait: »Bonjour!«

Do war im Franz klar: »Des isch ä Französin us Straßburg« un er het ganz freundlich gnickt. Uff de Höhi vun Karlsruh holt die Dame ä Fläschli uss ihrem Handtäschli un spritzt sich ä bissli Parfum ins Gsicht. De Franz het gschnüffelt un die Französin het ne gfrogt: »Riescht gut?«

Un de Franz het gsait: »Riecht sehr guad!«

»Kennen Sie?«

»Nei, kenn ich nicht.«

»Das ist 4711.«

Un de Franz het glacht un gmeint: »Oh, lala!« Kurz vor Mannhein fangts de Franz ganz fürchterlich an im Ranze z' drucke. Un er denkt: »Menschenskind! Jetzt hock ich eimol mit sonere elegante Frau imme Abteil un es droht mir so ä Schicksal. Ich kann mich doch nit so gehn lasse!«

Der Badner
als solcher

Un de Franz het verdruckt un verhebt, es isch ihm grad schlecht wore. Kurz vor Frankfurt war nix mäh z' mache. Zwei fürchterlichi Böller sin durch des Abteil grauscht. Was macht die Französin? Sie schnüffelt.

Un de Schneider Franz het gfrogt: »Riecht gut?«

»Non, riescht nicht gut!«

»Kennen Sie?«

»Non, kenn isch nicht.«

»Des isch 10,80.«

»Was ist 10,80?«

»Zwei Mol Bohnesupp fiir 5,40.«

Uff de Autobahnraststätte Mahlberg hockt ä Lastwagefahrer miteme SC-Freiburg-Schal uneme Rothauskäppli ganz gmietlich bim Esse. Do kumme vier Motorradfahrer in des Lokal un hocke sich zu ihm an de Tisch. Einer isst ihm 's Schnitzel weg, de ander d' Pommes, de Dritt schmiert ihm de Ketchup um's Muul un de Viert lährt ihm 's Mineralwasser iiber de Kopf! De Brummifahrer sait ganz ruhig: »Emma! Zahle bitte!«

Er zahlt un geht, ohni ein Wort zu sage. Wu d' Emma de Tisch abrummt, sait einer vun dänne Motorradfahrer: »Das sind schon komische Jungs, die Badner!«

Und d' Emma sait: »Ja, ja. Un fahre könne sie au nit. Grad ebe ischer mit sinnem Laschdwage iiber vier Motorräder gfahre!«

Der Badner
als solcher

De Fritz isch ä leidenschaftlicher Jäger gsi un het bim Hundezüchter Schindler ä viehmäßig tiierer Schweißhund kauft. 14 Dag später het er dem Hundezüchter folgender Brief gschriebe: »Sehr geehrter Herr Schindler! Das »W«, das Ihrem Namen fehlt, hat Ihr Schweißhund zu viel!«

Ä Vertreter war nachts im Winter im verschneite Schwarzwald unterwegs. Plötzlich isch ihm mitte im Wald de Wage nimmi gloffe! In de Ferni het er ä Licht gsähne. Er isch dem Licht nachgange un völlig durchgfrore het er ä Viertelstund später anere Hustür klingelt. Ä attraktive ältere Dame het ihm uffgmacht, er het sinni Autopanne gschildert un sie het gmeint: »Jetzt din Sie sich z' erschd emol uffwärme. Dann veschpere Sie ebbis und dann sähne mer widder!«

Im Lauf des Abends sin die zwei ä Paar wore un hän ä traumhafti Liebesnacht verbracht. Am nächschde Nachmittag war der Wage schun wieder repariert un die Frau het gsait: »Jetzt hämmer uns so guad verstande un ich weiß nit emol, wie du heisch un wo du herkummsch!«

Oh, des war ä Problem, denn de Vertreter isch nämlich verhierade gsi un het Familie ghet. Dann isch ihm aber ä Idee kumme: Sinner beschd Kollege isch Junggsell gsi un so het er in de Not gsait: »Liebling! Ich heiß Berthold Neumaier un wohn in Karlsruh in de Badnerstroß!«

Der Badner
als solcher

Ä Johr später het der Vertreter ä Anruf kriägt vum Berthold Neumaier us Karlsruh. »Bisch du ledschdes Johr mol ä Nacht im Schwarzwald gsi?«

»Oh, lass dir des erkläre, Berthold!«

»Du muasch mer nix erkläre! Ich will mich nur bi dir bedanke! Die Dame het mer zehn Millione un ä traumhafts Hiisli im Schwarzwald vererbt!«

Zum Juwelier nach Offeburg isch ä sehr uffgedonnerti Dame kumme un het gsait: »Herr Schneider! Ich hätte gerne einen Ring mit acht Rabbinerchen, kreisförmig angeordnet. In der Mitte ein Antisemit und im Ring sollen bitte die Genitalien von meinem Mann eingraviert sein!«

De Juwelier hakt nach: »Gnädige Frau! Kann es sein, dass die Rabbinerchen Rubinchen sind?«

»Herr Schneider, Sie nehmen mir das Wort aus dem Mund!«

»Und isch es möglich, dass der Antisemit ein Amethyst ist?«

»Aber natürlich doch, Herr Schneider!«

»Und dann gehe ich noch davon aus, dass die Genitalien ihres Mannes die Initialen sind?«

»Herr Schneider, Sie sind ein Schatz! Mit was für einem Betrag muss ich denn rechnen?«

»Mit 5000 Euro, gnädige Frau!«

»Herr Schneider! Das übersteigt leider mein Bidet!«

Der Badner
als solcher

Ä Kurgaschd isch am Titisee zum Friseur un het sich dert vum Lehrling rasiere lehn. Wu ne de Lehrbua s' dritte Mol gschnitte ghet het, het de Kurgaschd sich bim Chef beschwert: »Bei dieser Art von Rasiererei werden Sie Ihre Kundschaft bald loshaben!«

De Chef het gsait: »Kundschaft? De Bua rasiert kei Kundschaft! Dänne lass ich nur an d' Fremde!«.

De Fritz het SWR 4 ghört. Uff einmol hänn sie im Radio berichtet, dass imme große Zirkus mitte im Gastspiel in Freiburg de Löwendompteur gstorbe isch un dass de Zirkusdirektor händeringend ä Ersatzmann sucht! De Fritz het denkt: »Mensch! Löwendompteur – des wär mol ebbis ganz anderes! Do meld ich mich!«

Am nächschde Morge um achti war er in Freiburg zum Probetraining. Sinni einzig Konkurrentin um die Stell war ä wunderscheeni blondi Frau. Schwarzi Lackstiefeli, schwarzes Lackmänteli, herrlich gschminkt, ä Bild vunere Frau! De Zirkusdirektor het gsait: »Herr Wöhrle, Ladies first! Die Dame hat den Vortritt!«

Die Blondine geht in dänne Löwekäfig, der Löw sieht die un springt sie us acht Mcter an! Die Blondine öffnet ihr Lackmänteli, isch drunter völlig blutt! De Löw sieht des, ändert sinni Flugbahn, landet däre Blondine butterweich uff de Zehspitze, drillt sin Schwänzli Richtung Knie, macht ä Ruck-

Der Badner
als solcher

wärtssalto un legt sich zum Schluss ganz elegant uff de Buckel!

De Zirkusdirektor isch total begeischdert un sait: »Mensch! So ä Show hab ich in minnem ganze Läbe noch nit gsähne! Herr Wöhrle, traue Sie sich des au zu?«

»Kei Problem, Herr Direkter!«, sait de Fritz, »aber schaffe sie mer nur zerschd dänne bleede Löw ussem Käfig!«

Ä Kurgaschd kummt in de Nähdi vum Feldberg ame abglägene Buurehof vorbei un sieht, wie de Buur mit sinnem alde Vadder Gras mäiht. Er spricht die zwei Schwarzwälder an: »Ach, vor Jahren habe ich hier einen herrlichen Urlaub verbracht!«

De alde Buur war schwerhörig un het sinner Sohn frogt: »Was het er gsait?«

»Er het gsait, dass er schun emol do war!«

De Kurgaschd schwärmt: »Es ist einfach wunderschön hier!«

De alde Buur frogt widder: »Was het er gsait?«

»'s gfallt ihm bi uns!«

De Kurgaschd isch nimmi z' bremse: »Ach! Und mit der Bäuerin hatte ich ein heißes Verhältnis!«

»Was het er gsait, Bua?«

»Er het gsait, d' Mamme kennt er au!«

Der Badner
als solcher

De Müller Rolf isch nachem Golfe allein im Umkleideraum gsii, do schellt plötzlich ä Handy. De Rolf geht nachem zehnte Klingle dran.

»Hallo?«

»Ich bin 's, Schätzchen. Du, ich stehe gerade vor dem Pelzgeschäft und da ist ein traumhafter Nerz im Schaufenster. Ein Schnäppchen für 5000 Euro. Darf ich mir den kaufen?«

»Ha, wenn der ne willsch, dann kauf ne halt!«

»Ach ja, Liebling! Und dann war ich vorher noch beim Mercedeshändler. Wenn wir bar bezahlen, kriegen wir das neueste Topmodell für 120 000 statt für 150 000.«

»No kauf ne halt!«

»Ach ja, Liebling! Dann war ich heute Morgen noch beim Immobilienmakler. Und da habe ich das Haus gesehen, das wir letztes Jahr besichtigt haben. Weißt du noch? Das mit Swimmingpool, englischer Gartenanlage, direkt am Strand ...«

»Was will er defiir?«

»Stell dir vor, Liebling! Nur 2,8 Millionen! Soll ich zuschlagen?«

»Schlag sofort zu!«

»Ach, Liebling! Danke! Ich liebe dich! Bis später! Küsschen!«

De Rolf nimmt des Handy un geht demit in d' Duschi: »Weiß eigentlich ebber, wem des Handy ghert?«

Der Badner un sinni Frau

Der Badner
un sinni Frau

De Kurt kummt vun de Generalversammlung vum Gsangverein. Sinni Hilde liegt uffem Sofa un sait: »Ich sieh der 's doch an! Du hesch widder ä Pöschdli bikumme! Was bisch wore?«

»Schätzli! Kannsch mer gratuliere, ich bin 2. Vorstand vum Gsangverein!«

»2. Vorstand? Des geht jo noch! Des bisch gwöhnt vun deheim!«

Er kommt ganz uffgregt heim un briält: »Ich hab's satt, immer nur die 2. Geige bi dir z' spiele!«

»Reg di jo nit uff! Sei froh, dass der iiberhaupt noch im Orchester bisch!«

Nach de Goldene Hochzit liege sie so richtig glücklich im Bett nebenander un hebe sich noch ä bissli. Uff eimol frogt sie: »Liebling! Hesch du mich in dänne 50 Johr eigentlich schun mol betroge?«

Er seufzt tief: »Ich bin ehrlich, Schatz. Dreimol!«

Sie schnuuft un frogt: »Ja, mit wem alles?«

»Ha, einmol mit de Bedienung vun de Sunne, dann noch mit Nochbers Hilde un eimol noch mit de Waltraud!«

Sie lacht un sait: »Des sei der alles verziehe! Ich hab dich nämlich au dreimol betroge: z' erschd, wu mer de Kredit fiir's Huus brucht hänn, mitem Direkter vun de Bank. Un dann, wu du die schwer

Der Badner
un sinni Frau

Herzoperation ghet hesch, mitem Herzchirurg! Un dann noch, wu de unbedingt Vorstand vum Fußballverein wäre hesch welle un's hänn der halt noch 17 Stimme gfehlt!«

Ehestritt bi's Gieslers! Sie hiielt: »Ich ziäg us! Ich ziäg widder zu minnere Mutter!«

Er hockt ganz locker am Esstisch un sait: »Des geht nit. Dinner Vadder het grad angrufe, dinni Mutter isch grad zu de Oma zoge!«

D' Ehefrau schwelgt in Erinnerunge: »Weisch noch, Erwin! Es war ä tolli Gwitternacht, wo mir uns kennenglernt hänn!«

»Ja, ja!«, murmelt er. »Un ich Simbel hab die Zeiche der Natur nit verstande!«

Rieseehekrach im Wohnzimmer vum bekannte Fußballtrainer. »Vun Anfang an war de bleede Fußball immer wichtiger als ich! Un wenn ich mol beerdigt wirr un 's isch ä Spiel, dann kummsch du nit emol zu minnere Beerdigung!«

»Aber Schatz, schwätz doch kei so Käs! Du wirsch doch nit glaube, dass ich dich ame Spieltag beerdige lass!«

Der Badner
un sinni Frau

De Mann kummt in d' Kuchi un sait zu sinnere Frau: »Du, Schatz! Grad ebe hab ich mitem Huusmeischder vun unserem Hochhuus babbelt. Er behauptet, er het schun mit allne Fraue im Huus ä Verhältnis ghet, bis uff eini!«

»Ha, des isch bestimmt sälli luunisch Frau Meier ussem dritte Stock!«

De Horst isch ganz verzwiefelt un sait zu sinnere Helga: »Sit 17 Johr korrigiersch du mich jetzt schu, egal was ich sag!«

»Sit 18, Horst, sit 18!«

's Enkelkind isch im Gräbli gläge un d' Oma un de Opa hän sich noch ä bissli mit dem Kindli unterhalte. Dann het d' Oma gsait: »So, Schatzeli! Du kriägsch jetzt noch ä Küssli vum Opa un ä Küssli vun de Oma un dann mache mer 's Licht us un schlofe un hoffe, dass uns de Herrgott widder weckt un dann mache mir uns morge genauso ä scheener Dag wie hit!«

Also guad. De Opa het des Wuseli küsst, d' Oma het des Enkelkindli küsst, Licht uss. Do het des Kind protestiert: »Moment emol, Oma! du hesch jo de Opa gar nit küsst!«

Also, hän sie 's Licht widder angmacht un d' Oma het dänne Opa küsst. Un der het denkt: »Mensch,

Der Badner
un sinni Frau

hit küsst sie aber raffiniert! Do isch viellicht noch ebbis z' hole!« Ä Viertelstund het er gwartet, dann isch sinni Hand ganz zärtlich zum rechte Schenkel vun de Oma.

Die het gsait: »Hör doch uff, du alder Simbel! Des Enkelkind schloft doch noch nit! Geh in d' Kuchi un trink ä Fläschli Bier!«

De Opa isch in d' Kuchi, het ä Pils ussem Kühlschrank gholt, noch gmietlich d' Zitung dezu gläse un isch widder ins Schlofzimmer. Zwanzig Minute het er gwartet, dann isch die Hand noch zärtlicher als vorher zum Schenkel vun de Oma.

»Hör doch uff, Mann! Des Kind schloft doch noch nit! Geh in d' Kuchi un trink nochmol ä Fläschli Bier!«

De Opa isch in d' Kuchi, mocht de Kühlschrank uff un sieht, dass kei Bier mäh drin isch, nur noch ä Fläschli Sekt! Er denkt: »Bevor ich mir jetzt noch ä Bier ussem Keller hol, mach ich liäber dänne Sekt uff! Mir könne jo morge zum Frühstück de Reschd vum Fläschli gemeinsam trinke!«

Wu der Opa die Sektflasch uffmacht, git's ä Knaller! Dänne hets 's Enkelkind im Schlofzimmer ghört. Des Wuseli het d' Oma angstupft un het gsait: »Siesch, Oma! Hättsch de Opa dranglasst! Jetzt het er sich verschosse!«

Der Badner
un sinni Frau

De Hans wacht miteme viehmäßige Kater uff. Uffem Nachttischli steht ä Glas Wasser un ä Aspirin. Uffem Stuhl sin sinni Kleider scheen zsämmegfaltet. 's ganze Schlofzimmer isch suufer un ordentlich uffgrummt. Er nimmt die Aspirin un sieht ä Zettel uffem Tisch: »Liebling, das Frühstück steht in der Küche, ich bin schon früh raus, um einkaufen zu gehen. Ich liebe dich!«

Er wundert sich, geht in d' Kuchi, do steht ä ordonanzmäßigs Frühstück, d' Zitung näbedra un sinner Sohn. Er frogt: »Bua, was isch ledschd Nacht eigentlich passiert?«

»Oh, Vadder! Du bisch am halber vieri heimkumme, total bsoffe, eigentlich schun halber bewusstlos. Du hesch ä paar Möbel demoliert, in de Flur kotzt un hesch der faschd ä Aug ussgstoche, wu der gege Tiier grennt bisch!«

»Ja, un warum isch dann alles so uffgrummt un 's Frühstück uffem Tisch?«

»Ach des. D' Mama un ich hänn dich ins Schlofzimmer gschleift un uff's Bett glupft. Un wu der d' Mama versucht het, d' Hos ussziäge, hesch briält: »Hände weg, du Schlampe, ich bin glücklich verhiierade!«

Ä Ehepaar isch am Morge wie immer im Bad gsi. Plötzlich sait d' Frau: »Mann, siesch des eigentlich nit? Die Flies isch doch kaputt, do ghert ä neii Flies hii!«

Der Badner
un sinni Frau

De Mann het gsait: »Bin ich Flieseleger, oder was?« un isch schaffe gange!

Am nächschde Morge het sie gsait: »Mann! Die Klospülung funktioniert nimmi richtig!«

Er het nur gmeint: »Bin ich Klempner, oder was?« un isch widder schaffe gange.

Am dritte Morge het sie gjammert: »Mann! Des Badzimmerfenschder het ä Riss, do muass ä neies Fenschder her!«

Er: »Bin ich Glaser, oder was?« un isch halt widder schaffe gange. Wu er am Obe heimkommt, staunt er: D' Klospülung funktioniert widder, 's Bad isch gfliest, 's Badfenschder isch neu. »Ja, sag emol, Frau, wer het denn des gmocht?«

»Ha, unser neuer Nachbar!«

»Ja, un was het er welle defiir?«

»Er het gsait, ich soll ihm entweder ä Kuache backe oder mit ihm ä halbi Stund in's Bett!«

»Ja, was fiir ä Kuache hesch ihm backe?«

»Bin ich Bäcker, oder was?«

Er kummt friäher vum Schaffe heim un sinni Frau lauft nur mitem Hösli bekleidet durch d' Wohnung. »Mensch, Frau! Warum laufsch au widder halber nackig im Huus rum?«

»Will ich au iiberhaupt nix zum Anziäge hab!«

Er lacht un macht de Schrank uff: »Nix zum Anziäge? Des isch de Hammer! Do isch ä blau's Kleid, ä griän's Kleid, ä rot's Kleid ... hallo Robert!«

Der Badner
un sinni Frau

De Sepp un sinni Gretel hän ihri goldini Hochzit vorbereitet. Wu alles organisiert war, het de Sepp gsait: »Gretel! Weisch, mir hän niä viel Geld ghet. Aber jetzt sin d' Kinder versorgt un uns geht's guad un du kriägsch jetzt vun mir zu de goldene Hochzeit ä Gschenk! Ebbis, was der 's ganze Läbe welle hesch! Was willsch?«

»Ha, Sepp! Ich hab eigentlich schun immer vume Negligé traimt! Some durchsichtige Nachthemd!«

»Hol de Otto-Katalog! Mir suache glich eins russ!«

Ä ganz raffiniertes Teil hän sie mitenander usgsucht. Fiir 225 Euro! Kurz vorem Feschd isch des Negligé mit de Poschd kumme un d' Gretel hets glich in de Schlafzimmerschrank. 's Feschdli war super un am halber drei am Morge sin sie glicklich heimkumme. De Sepp isch glich ins Bett un Gretel het's 's Negligé gschnappt un isch noch ins Bad! Sie het ä bissli z' viel trunke ghet un uffgregt war sie au un so het sie des neie Nachthemd vergesse un isch völlig blutt im Schlafzimmer gstande.

De Sepp het 's Licht angmacht, sogar d' Brill noch gholt un het de Kopf gschittelt: »Also, Gretel! Ich will jo nit meckere. Aber fiir dänne Preis hätte sie des Nachthemd au bügle könne!«

De Walter war Matros un ständig unterwegs. Sinni Angelika war ä Wahnsinnsfeger. Eines Dags het de Walter folgender Brief bikumme: »Lieber Walter! Du kannst dich stolz Vater eines kräftigen Jungen nennen. Deinem Kleinen geht es sehr gut. Leider kann ich ihn nicht selbst stillen und musste mir eine Amme nehmen. Die ist halt aus Afrika und so hat unser Kind durch die Milch die schwarze Hautfarbe angenommen! Aber das macht doch nichts, oder? Mit lieben Grüßen, Deine Angelika.«

De Walter het sofort sinnere Muader gschriebe: »Liebe Mama! Du bist jetzt Oma. Meine Angelika hat einen strammen Sohn zur Welt gebracht. Leider kann sie nicht stillen, hat eine afrikanische Amme besorgt und so ist dein Enkelkind halt schwarz. Aber das macht doch nichts, oder? Dein glücklicher Sohn und Vater Walter.«

Im Walter sinni Mutter het dann ihrem Sohn folgender Brief gschriiebe: »Lieber Walter! Mir ist es nach deiner Geburt genauso ergangen wie deiner Angelika. Auch ich konnte nicht stillen. Da wir jedoch kein Geld für eine Amme hatten, waren wir auf Kuhmilch angewiesen. Bitte mach mir keinen Vorwurf, dass du darum ein Riesenrindvieh geworden bist! Mit herzlichem Gruß, Deine Mama.«

De Günther war ä Mann in de beschde Johre. Eines Morgens isch er nackig vorem Badzimmerspiegel gstande un het so an sich nuntergschaut un lachend gsait: »Na, mein Guter! Mir hänn au schun manch scheene Stund mitenander verbracht.«

Da tönt sinni Rita uss de Kuchi: »Wäge dem hängt der jo au so an dir!«

Der Badner
un sinni Frau

D' Waltraud un ihr Alfred ware jetzt schun faschd 45 Johr verhierade. Un immer am Zischdig het d' Waltraud Damekegle ghet.

Diesmol het de Alfred sich ä scheener Obe gmacht, isch so gegen de halber zwölfi ins Bett, het noch ä bissli Zitung glese un ä Achteli Spätburgunder gschlürft. Uff eimol het er gmerkt: Ä Sturm isch im Anmarsch! D' Schlofzimmerdier isch uffgrisse wore un sinni Waltraud isch in voller Schönheit im Schlafzimmer gstande: »Ich lass mich scheide! Im Damekegle muaß ich erfahre, dass du ä Geliebte hesch!«

»Ha, jetzt reg di doch nit so uff! In Fieselbach het inzwische faschd jeder ä Geliebte! Minner beschde Kumpel, de Schorsch, het eini un minner zweitbeschde Kumpel, de Franz, het au eini!«

D' Waltraud het ganz schwer gschnuuft un gfrogt: »Ja, wo hänner denn die Wieber kenneglehrt?«

»Ha, die tanze in Offeburg im Nachtclub im Ballett!«

»Ziäg di an, mir fahre sofort uff Offeburg!«

Endlich ware sie dann in dem Nachtclub un endlich isch des Ballett kumme.

De Alfred het gsait: »Siesch, Schatz, die dritt vun links, des isch im Schorsch sinni. Un die zweit vun rechts, des isch die vum Franz. Un die in de Middi, des isch minni!«

D' Waltraud het d' Brill putzt un ganz genau hiigschaut, dann het sie ihre Alfred in de Arm gnumme un gsait: »Alfred! Unseri isch die Schönschd!«

Tierisch guad

Ä **Kuhbacher** het ä Richebacher troffe un der Riche-
bacher het ä Papagei uff de Schulter sitze ghet. De
Kuhbacher het de Richebacher gfrogt: »Kann der
eigentlich schwätze?«

Dann het de Papagei gsait: »Ich weiß es nit!«

Vier Stier hänn ganz gmietlich uffeme Hügel gwei-
det. Einer war ei Johr ald, de ander Stier fünf, einer
zehn un de Opa 25 Johr ald. Uff einmol sähne sie ä
Herd Küh in Richtung Hügel laufe. De einjährig
Stier het briält: »Auf geht's, Männer! Mit Volldampf
nunter! Mir packe alli!«

De Fünfjährige het gsait: Mached langsam! Mir
packe nur die Scheene!«

De zehnjährige Stier het gmeint: »Wenn die ebbis
vun uns welle, solle sie ruffkumme!«

Un de 25-jährige Opa het ganz nervös gflüschdert:
»Wemmer schnell verdlaufe, sähne sie uns nit!«

De Schmiederbuur het bim große Buurekongress
in de Tombola de Hauptgwinn gwunne – ä Zebra!
Am Anfang het des Tierli sich schun arg fremd
gfühlt uff dem Schwarzwälder Buurehof. Aber mit
de Zit isches immer mutiger un gselliger wore. Un
eines Dags isches im Saustall gstande un het so ä
Sau gfrogt: »Was bist du eigentlich für ein Tier?«

Un die Sau het gsait: »Ich bin ä Sau!«

Tierisch guad

»Ja, und was machst du so den ganzen Tag?«

»Ich friss ä bissli, suff ä bissli un wenn ich groß un fett bin, wirr ich gmetzget un gib die toll Schwarzwälder Wurschd un de Speck!«

Dann isch 's Zebra zu de Hiähner un het ä Henn gfrogt: »Was bist du eigentlich für ein Tier?«

»Ah, weisch! Ich bin a Huhn! Ich pick ä paar Körner, suff ä bissli, dann kummt de Hahn un hopst uff mir rum un dann leg ich die herrliche Schwarzwälder Eier!«

Im Kuhstall het ä Kuh gmeint: »Weisch, ich bin ä Kuh! Ich friß ä bissli, suff ä bissli, dann kummt de Knecht un melkt mich un des git die wunderbare Schwarzwälder Milch!«

Ganz glücklich iiber die neue Bekanntschafte isch 's Zebra Richtung Weid dappt un het de Stier gsähne. »Was bist du eigentlich für ein Tier?«

»Ich bin de Theo, der Stier!«

»Ja, und was machst du so den ganzen Tag, Theo?«

»Ziäg dinner Schlafanzug rus, Puppe – dann zeig ich ders!«

Zwei Haflinger sin todmiäd im Stall gstande un hän iiber de Buur gschumpfe. »Der Schinder! Jede Dag plogt der uns bis in d' Nacht nii!«

»Schrieb doch mol an de Tierschutzverein!«

»Ach, hör uff! Wenn der Kniebohrer merkt, dass ich schriebe kann, muass ich ihm au noch d' Buchhaltung mache!«

Tierisch guad

Zwei kleini Schweinli babble mitenander. Uff einmal sait eins: »Weisch, dass die Mensche zu uns Schweine Sau sage, des isch mer wurschd. Aber dass sie uss uns Wurschd mache, des isch ä Sauerei!«

Am nächschde Morge treffe die zwei Schweinli de Eber. Un der grüßt ganz freundlich! Ein Schweinli grüsst freundlich zruck, aber 's ander verziägt nur 's Gsicht. »Warum grüßsch denn dänne freundliche Kerli nit?«

»Hör mer mit dem uff! Der het mich geschdern in de Nacht zur Sau gmacht!«

Im Buur sinner beschde Freund isch de Rex gsi, de Hofhund. Un oft het er zum Knecht gsait: »Wenn nur de Rex babble könnt!« De Knecht isch ä ganz gwiefts Bürschli gsi, viel gscheiter als de Buur.

Eines Dags het er zum Buur gsait: »Chef! Ich hab gläse, in Friburg gibt's jetzt ä Schual, wu d' Hund schwätze lehre könne!«

»Ja, Mensch! Dätsch do mitem Rex hii?«

»Ha klar, Buur!«

De Buur war glicklich, het im Knecht ä rächds Sackgeld gäh un die zwei sin abmarschiert. Kurz vorm Bahnhof het de Knecht dem Rex eini ins Gnick ghaue, het des arme Hündli glich verdolbe un het sich ä scheene Woch in Friburg gleischded. Am

Tierisch guad

Wocheend ischer heim un het im Buur verzehlt: »Chef! De Rex isch richtig talentiert! Die Lehrer sage, noch ein Uffbaukurs un er kann babble!«

De Buur war iiberglicklich un het de Knecht glich am Mändig miteme guade Sackgeld widder nach Freiburg gschickt. Am Wocheend ischer uffem Bahnhof gstande un het de Knecht abgholt.

»Kann er schwätze, de Rex?«

»Aber klar doch, Chef!«

»Ja, was ware sinni erschde Worte?«

»Er het mich gfrogt, ob du immer noch ä Verhältnis mit de Magd hesch? Dann hab ich ihm halt glich eini ins Gnick ghaue!«

»Recht hesch ghet! Ä Schwätzer könne mer uffem Hof nit bruche!«

Ä Wildsau isch in ä Sternelokal kumme un die Bedienung war so perplex, dass sie däre Wildsau d' Speisekard brocht het. Ha, un die Wildsau het sich ä Rinderfilet un ä Vierteli Spätburgunder bstellt. Kurz druff später isch des Esse kumme, die Wildsau het ganz elegant gesse un het zahle welle. Jetzt isch's däre Bedienung mulmig wore un sie het im Chef grufe. Wu der us de Kuchi ruskumme isch, war die Wildsau schun an de Tür. De Chef het gsait: »Jetzt bin ich schun 30 Johr in däre Branche, aber ä Wildsau war noch niä in minnem Lokal!«

Do het sich die Wildsau rumdrillt un gmeint: »Un bi dänne Preise wird au niä mäh eini kumme!«

Tierisch guad

Ä Zauberer het uffeme Kreuzfahrtschiff gschafft un sinni Attraktion war ä Papagei, wu ihm uff de Schulder ghockt isch. Midde uff däre Fahrt hän die zwei Krach mitenander kriägt un de Papagei het ihm ab dem Dag jeder Trick versaut. »Schaue, des Herz Ass het er im linke Ärmel!« Un: »Schaue! 's Häsli hockt schun dert unter de Schissel!«

Es war ä Katastrof! Eines Abends isch midde in de Show des Schiff explodiert un die zwei sin uffere Schiffsplanke im Meer triebe. De Papagei an einem End, de Zauberer am andere. Drei Dag sin sie im Wasser triebe, keiner het ebbis gschwätzt. Dan het de Papagei gsait: »Ok, ich gib uff, ich kumm nit dehinder. Wie hesch des gmacht, mit dem Schiff?«

Ä Frau brucht in ihrem Läbe vier Tiere: Ä Nerz um d' Schulter, ä Jaguar in de Garage, ä Tiger im Bett un ä Esel, wu des alles zahlt!

Kurz un bündig

Kurz un bündig

Ä aldes Ehepaar isst im Restaurant. Er verdruahlt sich sinni Krawatt mit de Supp un sait: »Ich sieh widder us wie ä Sau!«

Un sie meint: »Un verkleckert hesch dich au!«

Treffen sich zwei Bilanzen. Sagt die eine:

»Mensch, du siesch jo super us! Wer het denn dich frisiert?«

De Opa sait zu de Oma: »Wenn von uns mol einer stirbt, ziäg ich in d'Stadt!«

»Ich möcht Ihri Tochter hierade!«

»Ja, ware Sie schun bi minnere Frau?«

»Nei, aber Ihri Tochter wär mer schun liäber!«

Was steht uffem Grabstei vume Schornsteinfeger?

»Er kehrt nie wieder«

Was steht uffem Grabstei vume Spanner?

»Jetzt isch er weg vum Fenschder«

Kurz un bündig

Was isch ä Junggsell?
Ä Mann, dem zum Glick d' Frau fehlt.

Was isch ä Junggsell noch?
Ä Mann, wu nur halber uff's Ganze geht.

Un was noch?
Ä Reservischd, wu nur schwer uss de Reserve z' locke isch.

Junggselle läbe nach dem Motto:
Liäber zwei Ring unter de Auge als einer am Finger.

Ganz hartgsotteni Junggselle läbe nach dem Motto:
Anhaue – Umhaue – Abhaue.

»**Wottsch nit au hierade?** So ganz ohni Frau, des isch doch nix.«
»Hesch recht! Ohne Frau isch wirklich nix, aber weisch, ä ganzi isch mer eifach z' viel!«

Kurz un bündig

Was sait mer über ä dicker Seiltänzer?
»Ha, der isch aber schwer uff Draht!«

Zwei Freunde babble mitenander: »Du, ich glaub, dinni Frau betrügt uns!«

Wie nennt mer ä fetter Vegetarier?
Biotonne.

De Müller Fritz sait am Stammtisch:
»Geschdern war ich uffem Finanzamt! Dänne hab ich's widder gän!«

»Wie geht's eigentlich im Krämer Franz nach sinnere Hochzit?«
»Oh, je! Sit sie 's sage het, fehle ihm d' Worte!«

»Wie war's eigentlich bi dem Festessen?«
»Hör mer uff! Wenn d' Supp so warm gsi wär wie de Wii, un der so alt wie d' Gans, un die so fett wie d' Gastgeberi, dann wär's ä scheener Obe gsi!«

So simmer halt!

So simmer halt!

De Metzger het sinni ganze Verkäuferinne zunere Fortbildung gschickt, mitsamt sinnere Frau, un isch sälber hinter de Thek gstande. Glich die erschd Kundin het gsait: »Mensch, de Chef sälber im Service! Toll! Ich hätt gern des Kotlett do.«

De Metzger het des Kotlett glich uf d' Woog glegt: »Ä wunderscheens Kotlett, gnädige Frau – 3,80 bitte!«

Die Kundin het gmeint: »'s isch mer ä bissli z' klei, hänn Sie ä größers?«

»Hoppla!«, het er denkt, »ich hab zwar nur noch des, aber dich verwisch ich!« Dann het er glacht un gsait: »Selbstverständlich, gnädige Frau, ich muaß nur kurz in d' Wurschdkuchi!«

Er het des Kotlett gschnappt, het's in de Wurschdkuchi uffem Hackklotz breitgklopft un isch strahlend widder in de Lade: »Gnädige Frau, ä Spitzekotlett fiir sagenhafti fünf Euro!«

Die Kundin het sich des Kotlett ä Wili angschaut un dann gmeint: »Wisse Sie was, des isch mer au noch z' klei. Aber ich nimm grad beidi!«

Ä Frau het drei verhieradeni Töchter ghet un het ums Verrecke wisse welle, ob ihri Schwiegersöhn sie eigentlich au ä bissli gern hänn. Dann het sie de äldeschde Schwiegersohn zume Spaziergang uffem Rhindamm iiglade. Midde in dem Spaziergang hopst sie in de Rhin! Der Schwiegersohn zögert kei Sekund, springt in dänne Fluß un rettet sinni

So simmer halt!

Schwiegermuader. Am nächschde Dag isch ä nagelneier Fiat 500 in de Hofiinfahrt gstande, miteme Zettel an de Windschutzschieb: »Liebster Schwiegersohn, herzliche Grüße, deine Schwiegermama!«

D' Woch druff het sie des Spiel mitem zweite Schwiegersohn wiederholt. Wu die Schwiegermuader im Rhin schwimmt, ziägt der zerschd de Kittel un d' Hos uss, springt dann aber sofort in dänne Rhin un rettet sie in letzter Sekund! Widder steht ä nagelneier Fiat 500 in de Hofiinfahrt: »Lieber Schwiegersohn, danke! Deine Schwiegermama.«

De dritte Schwiegersohn sieht ä Woch druff, wie sinni Schwiegermuader in de Rhin hopst un denkt ganz locker: »Du alti Hex, schau sälber, wie der do ruskummsch!«

Es war nix mäh z' mache, sie isch versoffe.

Drei Dag später isch ä nagelneier Porsche in de Hofiinfahrt gstande, miteme Zettel an de Windschutzschieb: »Herzliche Grüße, dein Schwiegervater!«

Ä Tourischd frogt de Burgermeischder vume bekannte Schwarzwalkurort: »Herr Bürgermeister, ist das Klima hier wirklich so gesund?«

»Un ob! Um den Friedhof endlich einweihen zu können, ware mir gezwungen, unseren ältesten Einwohner zu vergiften.«

So simmer halt!

De Feuerwehrkommandant isch immer zwische de Johre von Huus zu Huus marschiert un het Spende gsammelt fiir sinni Feuerwehr. Un so isch er halt au uff de Schmätterhof kumme. D' Schmätterbüri het ä ganz schlechter Dag ghet un het gsait: »Vorgeschdern isch de Musikverein do gsi, dänne hab ich ebbis gän. Un geschdern war de Gsangverein do. Dänne hab ich au ebbis gän. Un hit kummsch du! Un dir gib ich nix un du bruchsch au gar kei so bleeds Gsicht mache!«

»Ich mach kei bleeds Gsicht, Schmätterbüri! Aber ich will der nur sage: Sollt' eines Dags euer scheene Hof mol brenne, dann soll grad d' Musik spiele un de Gsangverein soll dezu singe!«

Ä Stammtisch het sich jede Mändig troffe. Irgendwenn sin alli 30 wore un sie hänn möchte ä Feschdli moche. »Wu gämmer hii?«

Einer het gsait: »Mir gänn in de Löwe. Dert sin die heißeschde Bedienunge!«

10 Johr später ware sie 40. »Wu gämmer hii?«

»Mir gänn in de Löwe, do ischs Esse optimal!«

Bim 50er sait einer: »Mir gänn in de Löwe. De Wii isch super un's Preis-Leischdungsverhältnis perfekt!«

10 Johr später meint einer: »Lass uns doch in de Löwe gehen! Dert isches so scheen ruhig!«

Bim 70er dann: »Weisch, mir gänn in de Löwe. Do kannsch ebeerdig niilaufe!«

So simmer halt!

Bim 8oer rätsle sie widder: »Wu gämmer hii?«
Einer sait schließlich: »Mir gänn in de Löwe! Do simmer noch niä gsii!«

Die Putzfrau vun de Bank geht zum Chef: »Ich kündig!«
»Aber Martha! Des kannsch doch nit mache! Mir schaffe doch schun zwanzig Johr mitnander. Warum willsch jetzt kündige?«
»Du hesch kei Vertraue mäh in mich!«
»Kei Vertraue! Dass ich nit lach! Direkt vor dinnere Nas liege sämtlichi Schlüssel zum Tresor!«
»Ha jo, des stimmt. Aber keiner passt!«

Premiere im Hornberger Freilufttheater. Der Held des Stückes soll kurz vor Schluss, von einem Schuss getroffen, tot umfallen. Die Vorstellung steuert uff de Höhepunkt zu, des Stichwort fallt, aber de Schuss nit. De Schauspieler setzt neu an, betont des Stichwort bsunders. Kei Schuss. Er schmettert des Stichwort in die Kulisse, uss dänne de Schuss kumme soll. Nix passiert! Jetzt grifft er sich ans Herz, stöhnt un fliegt um: »Hilfe, ich bin vergiftet wore!«
In dem Augeblick fallt de Schuss. De Vergiftete bäumt sich nochmol uff un flüschdert: »Au des noch!«

So simmer halt!

De Bubi war uffem Tanz un het ä netts Fräulein gfrogt: »Däte Sie de nächschde Tanz mit mir mache?«

Sie het gsait: »Wenn Sie so gut sein wollen!«

Des het noch niä ä Maidli zunem gsait un ganz glücklich het er sie drillt.

Uff einmol sait sie: »Wenn mir nur nichts passiert!«

De Bubi het nur denkt: »Also, so schnell schiäße mir Badner nit!« Die Tanzrundi war klasse un er het gfrogt: »Gnädiges Fräulein! Derf ich Sie zume Getränk iilade?«

Sie het gsait: »Wenn Sie so gut sein wollen!«

»Schu widder die bleed Antwort!«, het de Bubi denkt. Sie het ä Apfelsaftschorli bstellt, er ä Pils, sie stoße an mitnander, sie nimmt ä Schlickli un sait: »Wenn mir nur nichts passiert!«

De Bubi schittelt de Kopf un denkt: »Also Maidli! Vume Apfelsaftschorli isch noch keini schwanger wore!«

Aber der Obe war super un am halber drei het de Bubi sinner ganze Muet zsämmegnumme un het gfrogt: »Gnädiges Fräulein! Derf ich Sie heimfahre?«

Un sie het widder gsait: »Wenn Sie so gut sein wollen!«

De Bubi het sich schun richtig an die komisch Antwort gwöhnt un het sie schön uffem Beifahrersitz Platz nähme lehn.

Er fahrt los un sie sait: »Wenn mir nur nichts passiert!«

So simmer halt!

Un do isch im Bubi de Geduldsfade grisse! Er het d' Handbrems anzoge, de Gang rusgmacht, de Wage abgstell un gfrogt: »Gnädiges Fräulein! Jetzt will ich nur eins wisse: Isch Ihne iiberhaupt schun jemols ebbis passiert?«

Sie het ne anglacht un gsait: »Nein! Aber wenn Sie so gut sein wollen!«

Ä aldes Frauli kummt zu de Badische Zitung un sait zu dem Mann hinterm Schalter: »Ich will ä Todesanzeig uffgänn. Was koschdet des?«

Der Mann beratet sie ausführlich und sie schittelt de Kopf: »Ha nei, des isch alles z' tiier – ich hab nur drei Euro!«

»Ja um Himmels willen, gnädige Frau! Für drei Euro, da kriegen Sie ja maximal zwei Worte!«

»Des langt mir!«

»Ja, was wollen Sie denn mit zwei Wörtern schreiben?«

»Fritz tot!«

»Gnädige Frau, das geht doch nicht! Aber ich sehe, Sie haben einfach nicht mehr Geld. Wissen Sie was? Die Badische Zeitung schenkt Ihnen noch drei Worte dazu. Was möchten Sie jetzt schreiben?«

»Fritz tot! Moped zu verkaufen.«

So simmer halt!

De Sepp isch 78 un kummt uffem Heimweg vum Stammtisch in ä Polizeikontroll. Es isch 2 Uhr 30. De Polizist fragt de Sepp, wu er eigentlich um die Zit noch hiifahrt un de Sepp sait: »Ich bin uffem Weg zume Vortrag!«

»Ä Vortrag?«

»Ja, ä Vortrag iiber Alkoholmissbrauch un die Uswirkunge uff de menschliche Körper, sowie die Gefahre vun Rauche un Spätheimkumme fiir aldi Männer!«

»Ja, un wer haltet um die Zit noch so ä komplizierter Vortrag?«

»Minni Frau!«

De Enkel isch ganz uffgregt zum Opa kumme: »Opa! Zu dinnem 90. Geburtsdag git's ä viehmäßigi Iiberraschung! Aber ich derf der nix sage!«

Jetzt isch de Opa halt neugierig wore un het bohrt.

»Weisch, Opa, zerschd freisch dich, dann ärgersch dich.«

Jetzt war de Opa nimmi z' bremse un het so lang plogt, bis de Enkel nimmi anderschd könne het: »Weisch, Opa! Mir hänn der vier Stripteasetänzerinne bsorgt!«

»Jo, Mensch, des isch doch super!«

»Ja! Aber, Opa, es sin alles Schuelkameradinne vun dir!«

Unsere schwäbische Freunde

... Schwobeseggl

Unsere
schwäbische Freunde

Ich hab ä Ufftritt ghet im Europark in Rust. Do isch in de Paus ä Mann kumme un het gsait: »Sagen Sie mal, Herr Dold! Ich komme ja oft in Baden-Württemberch herum und treffe viele Leute. Wie kann ich nun erkennen, ob ich einen Schwaben getroffen habe oder einen Badner?«

Ich hab denkt: »Mensch, Mann! Unseri Sproch! So melodisch, fast schun italienisch, elegant, flie-ßend, erotisch. Un die Schwobe? Schwäbisch halt!« Wu ich hab welle antworte, het er schun widder babbelt: »Und dann noch, Herr Dold! Ich liebe die Frauen und die Frauen lieben mich auch. Wie kann ich nun erkennen, ob ich eine Badnerin kennengelernt habe oder eine Schwäbin?«

Ich war verzwiefelt un hab denkt: »Mensch, Mann! Nix gege die Schwäbinne! Aber! Unseri badische Fraue sin halt die schönste uff de ganze Welt.« Aber du muasch jo nett sii zu de Gäschd! Drum hab ich zunem gsait: »Also, mein Herr! Wenn Sie das Glück hatten, die erste Nacht mit einer Badnerin verbracht zu haben, dann wachen Sie auf, sie küsst Sie auf alle vier Backen und flüs-tert Ihnen ins Ohr: »Des war klasse! Des mache mer ab jetzt immer!« Un wenn Sie das Pech hat-ten, die erste Nacht mit einer Schwäbin verbracht zu haben, dann wachen Sie ganz alleine auf, weil die Schwäbin durch Ihre Wohnung läuft, sich alles ganz genau anschaut, dann Sie genau anschaut und fragt: »Gheret alle Möbel dir?«

Unsere
schwäbische Freunde

Ä Schwob isch nach Kuhbach zoge. Usgrechend noch in d' Leo-Wohleb-Stroß, die Stroß benannt nachem ledschde badische Präsident! Mir Kuhbacher hän denkt: Mir hän jetzt schun so vieli fremdi Nationalitäte in unserem kleine Dörfli, uss dem Schwob mache mir au noch ä rächter Kerli! Aber was macht der Simbel? Er setzt ä Kleinanzeig ins Kuhbacher Blättli: »Suche dringend echt badische Frau!«

Jetzt will der ä badische Frau! Zerschd hämmer glacht, aber dann isch uns 's Lache vergange. Innerhalb vun 14 Dag het er 481 Zuschrifte bikumme. Alli vun Kuhbacher Männer. Un alli mitem gliche Text. Un der Text war ä Skandal! Er het glautet: »Kannsch grad minni hoa!«

Wo isch die Grenz zwische Genie un Wahnsinn? Irgendwo bi Pforzheim!

Ä Badner kommt in Sindelfinge in ä Wirtschaft un ruft: »Kenne ihr schun de neueschde Schwobewitz?«

Ä Riesekerli steht uff, geht uff dänne Badner zu un sait: »Horch her, Maale! I bin schwäbischer Meischder im Schwergewichtsringe, moi Kumpel an de Thek isch Profiboxer un moi Kumpel hinter de Thek isch de Sindelfinger Karatekönig! Willsch jetzt doi Witzle iiber uns Schwobe noch verzehle?«

»Nei! Dreimol ä Witz erkläre isch mer z' mühsam!«

Unsere
schwäbische Freunde

Ä Mann us Böblinge het sinner Chef zum Mittagesse iiglade. Es gibt Lammrücke in Trollingersoss. De Sohn stochert im Esse rum un frogt: »Du, sag amol, Baba! Isch des jetzt Rindfleisch?«

»Noi, Lamm! Warum frogsch au, Bua?«

»Ha, weil der geschdern gsagt hosch, du bringsch heit ä richtigs Rindvieh zum Esse!«

Ä schwäbischer Pilot bikummt ä Funkruf vum Tower. Er wird gfrogt: »What's your position?«

Un er antwortet: »I sitz ganz vorne!«

Drei Dachdecker, ä Italiener, ä Bayer un ä Schwob, sitze in de Mittagspaus uffem Dach. De Italiener packt sin Esse uss un briält: »Schone widder Pizza! Jede Dage Pizza! Ich kanne keine Pizza mehr sehn. Wenn ich abe morgen wieder Pizza, ich springe von de Dack!«

De Bayer packt sin Esse uss un schittelt de Kopf: »Jo mei! Scho wieda an Leberkas! I kann koin Leberkas mehr sehn. Wenn i morgen wieder an Leberkas hob, spring i mit dir, Luigi!«

De Schwob packt sinni Maultasche uss un sait: »Kollege! Wenn i morge widder Maultasche han, spring ich mit euch!«

Am nächschde Dag isch die Katastrof perfekt! De Italiener sieht sinni Pizza un hopst ohni ein Wort

Unsere
schwäbische Freunde

vum Dach! De Bayer mit sinnem Leberkäs un de
Schwob mit sinne Maultasche hopsen hinterher!

Uff de Beerdigung treffe sich die drei Frauen. Die
Italienerin hiielt: »Wenne Luigi einemal gesagt
hätte, keine Pizza, ich hätte gemachte Spaghetti,
Tortellini, no problemo!«

Un die bayrische Witwe hiielt au fürchterlich:
»Ein Wort un i hätt ihm Schweinshaxn mit Knödeln
gmacht!«

Die schwäbische Witwe schittelt nur de Kopf un
sait: »Ich kann 's net verstande! Ich kann 's oifach
net verstande! Seit Johre hot de Hannes doch sei
Esse sälber grichtet!«

Ä Freiburger, ä Reutlinger un ä Kenianer stän ganz
uffgregt uff de Entbindungsstation un warte sehn-
süchtig uff ä Nachricht vun de Krankeschwester.
Endlich kummt sie un strahlt: »Herzlichen Glück-
wunsch, meine Herren! Sie sind jeweils Vater eines
gesunden Sohnes geworden! Es gibt nur ein ganz
kleines Problem: Die Babys wurden vertauscht!
Aber kommen sie zuerst mal rein!«

De Freiburger rennt sofort los un schnappt sich
des schwarze Kindli.

De Kenianer wird ganz nervös un d' Schwester
frogt: »Sind Sie sicher, dass das Ihr Kind ist?«

»Solang nit hundertprozentig feststeht, welches
Kind zum Schwob ghert, behalt ich sicherheitshal-
ber dänne!«

Unsere
schwäbische Freunde

Ä grossi Baufirma het ä Rieseufftrag bime Scheich in Arabie. Sie miän de ganze Palast neu baue, au s'Haremsgebäude. Un so sähne die Arbeiter halt au jede Dag die scheene Haremsdame un nach drei Woche wärre sie so langsam fickrig. Eines Dags sait de badische Vorarbeiter zum schwäbische Handlanger: »Weisch was, Eugen: Hit Nacht grabble mir zwei underm Zaun zum Haremsgebäude durch un schnappe uns zwei so jungi Haremsdame, des merkt kainer!«

De Eugen war nervös: »I woiß net, Willi, i woiß net!«

De Willi had ne iiberredet, isch unter dem Zaun durchgrabbelt, de Schwob hets au probiert, isch aber hängebliebe und het de Alarm usglöst. Oh je! Verhaftet sin sie worre un de Scheich het sofort entschiede: Todesstrof! Do het sich de Sekretär vum Scheich iigmischt, het sinnem Boss erklärt, dass de Vorarbeiter ä Spitzemann isch un de Handlanger au nit schlecht. De Scheich het sich erbarme leen un het entschiede: 50 Peitschenhiebe und einen Wunsch frei. De Schwob isch ersch vorem Peitscher gstande un der riesig Kerle het ne gfrogt: »Mann aus Reutlingen, was Du haben für Wunsch?«

Un de Eugen het gsagt: »Dädsch mer villeichd dr Buckel eireibe mit Nivea-Creme, dass es net so weh dud?«

De Wunsch isch ihm erfüllt worre un dann kame die schreckliche Peitschehieb un de Schwob isch im Sand gläge. Jetz isch de Willi dran kumme un de

Peitscher het ne gfrogt: »Mann aus Badnerland, was für Wunsch du haben?«

Un de Willi het gsait: »Ich hab nur ä kleine Bitte: Könnt'sch mer viellicht de Schwob uff der Buckel binde?«

Mündliches Abitur in Tübinge. Geschichte. De Prüfling isch schun emol durchgfloge. De Prüfer will ihm helfe un frogt: »Wie heißt der Franzose, der zuerst General war, dann Konsul und später dann Kaiser?«

De Tübinger Schüler iiberlegt un iiberlegt un sait dann nach drei Minute: »Woiß i net!«

De Prüfer brüllt: »Napoleon Bonaparte!«

De Prüfling steht uff un geht zur Tür.

»Halt, wo wollen Sie denn hin?«

»Ach, i han denkt, Sie hend scho dr Nächste grufe!«

Ä Schwob kummt in Lahr zur Autowaschanlag un de Servicemann erklärt ihm ganz freundlich: »Wenn du gucke auf Schilder mit Anweisunge, es kanne nixe passiere!«. Kurz druff kummt ihm der Schwob bätschnass entgege. »Was isse passiert?« »Ha, do war ä Schild: »Gang raus!«, hano, do ben i halt rausgange!«

Unsere schwäbische Freunde

Zwei Böblinger möchte eisfische un probiere grad mit de Kettesäg ä Loch ins Eis z' bohre. Da ertönt ä dunkli Stimm: »Da ist kein Fisch unter dem Eis!«

Sie verschrecke viehmäßig, bohre dann aber widder. Die Stimm ertönt: »Da ist kein Fisch unter dem Eis!«

Sie knie uff de Bode, falte d' Händ zsämme un einer frogt: »Bisch du's, Gott?«

Un die dunkel Stimm ertönt: »Nein! Ich bin nur der Platzwart vom Eisstadion!«

Was ist das Schönste am Stuttgarter Hauptbahnhof? – Der Intercity nach Karlsruhe.

Ein Bauer liegt im Sterben. Plötzlich erwacht er vom köstlichen Duft eines Sauerbratens aus seinem Todesschlaf. »Aaach Fraule«, stöhnt er, »bitte sei so guad ond gibb mir ebbes von dem Broada, eh dass I sterb!«

»Nix do!«, sagt die Bäuerin, »dr Broada isch für dei Beerdigong!«

Was ist das Einzige, was Baden und Württemberg miteinander verbindet? Ein Bindestrich.

Vun Lehrer un andere Chefs

Vun Lehrer
un andere Chefs

De Lehrer Bühler knallt grottewiädig die frisch korregierte Mathehefte uff's Lehrerpult un sait: »So ä schlechti Mathearbeit hab ich noch niä korrigiere miän! 80 Prozent hänn ä Sechser!«

Da meldet sich einer in de ledschde Bank: »Herr Bühler, so viel simmer jo gar nit!«

Am nächschde Dag steht de Lehrer Bühler vor zwei vun sinne »Lieblingsschüler«: »Moritz un Karl! Wie kann des sii? Ihr hocke näbenander un hänn im Diktat beidi 37 Fehler! Un d' dupfegliche Fehler!«

»Ha, Herr Bühler!«, grinst ne de Moritz an, »mir hänn halt au de gliche Lehrer!«

De Lehrer Bühler macht Vertretung in de Grundschuel. Direkt am Lehrerpult isch ä kleins Lächli un im Karli isch klar, do het halt so ä junger Schüler 's Wasser nit halte kenne.

Er frogt ganz freundlich: »Kinder! Wem isch denn des Missgeschick do passiert?«

Keiner meldet sich. Dann grifft er zume alde Trick: »Kinder! Des isch doch nit schlimm! Mir mache jetzt alli d' Auge zu. Ich au. Un dann kann der oder die, wu des gmocht het, an d' Tafel laufe un eifach »Entschuldigung« an d' Tafel schriiebe un die Sach isch vergesse!«

Alli mache d' Auge zu, mer hört ä paar Schritt, ä

Vun Lehrer
un andere Chefs

Pissele, des Kratze vun de Kriied an de Tafel un widder ä paar Dabber. Dann isch Ruah! De Lehrer Bühler macht d'Auge uff un sieht ä zweites Lächli näbem Lehrerpult! Un an de Tafel steht: »Der unheimliche Pisser hat wieder zugeschlagen!«

Anruf vom Oberschulamt: »Herr Bühler, wir brauchen Sie dringend zu einer Lehrerbegutachtung!« De Bühler Karli sitzt in de Deutschstund vun dem zu begutachtende Lehrer un merkt sofort, da stimmt ebbis nit! Die Schüler könne ja iiberhaupt nix un de Lehrer isch ä Katastrof! Er grifft ii un fragt dänne Schüler näbe ihm: »Was weisch du eigentlich iiber de ›Zerbrochene Krug?‹«

Der verschrickt fürchterlich un sait: »Ich bin's nit gsii!«

De Lehrer Bühler schaut entsetzt vor zu sinnem Lehrerkolleg un der sait: »Also, Herr Bühler, ich kenn dänne Schüler un au sini ganz Familie. Wenn der sait, er isch's nit gsii, dann isch er's au wirklich nit gsii!«

De Bühler Karli rennt sofort zum Rektor un verzehlt uffgregt die ganz Gschicht vum »Zerbrochene Krug«.

Der Rektor horcht sich alles in Ruah an, nimmt de Karle in de Arm, druckt ihm 20 Euro in d' Händ un sait: »Herr Bühler! Do hänn Sie 20 Euro! Kaufe Sie ä neier Krug un mir vergesse die ganz Gschicht!«

Vun Lehrer
un andere Chefs

Geschichtsunterricht in de achte Klass. De Lehrer Bühler sait: »Michael, kumm mol an d' Tafel vor!«

Der sait: »Ha, Karle! Des kann nit din Ernst sin!«

De Bühler Karli isch empört: »Horch zu, Michael! Wenn ä Erstklässler zu mir us Versähne mol »du« sait, dann geht des noch. Aber du bisch in de achte Klass un saisch »Herr Bühler« un »Sie« zu mir! Isch des klar?«

»Mensch, Karle! Jetzt reg dich doch nit so uff!«

»Horch her, Bursch! Du gehsch jetzt nus un schriebsch zur Strof fuffzig Mol: ›Ich darf zu meinem Lehrer nicht du sagen!‹«

Die Stund isch rum un de Michael kummt miteme Riesestoß Blätter. Fünfhundertmol het er gschriebe: »Ich darf zu meinem Lehrer nicht du sagen.«

De Bühler Karle sait: »Ja, warum hesch des so viel Mol gschriebe? Ich hab der doch nur 50 Mol uffgän!«

»Ha weisch, Karle, will's du bisch!«

De Chef het ä neui, bildhübsche Sekretärin un jedem isch klar – an däre Raket kummt der alde Schwerenöter nit vorbei! Am Friddignachmiddag macht er de Lade zu un geht mit ihre golfe. Hinterm zweite Loch – Liebe! Dann geht er toll mit ihre esse, nimmt ä Hotelzimmer un ä Fläschli Champagner mit nuff – Liebe, Liebe! Dann gänn sie zu ihre heim – Liebe, Liebe, Liebe! Uff einmol schaut er uff d' Uhr, halber vieri am Morge! Er frogt: »Schatz, hesch Du ä Stickli Kreide do?«

Vun Lehrer
un andere Chefs

»Haja! Ich gib doch als noch Nachhilfestunde, do bruchsch immer widder emol Kried!«

Er steckt sich die Kried hinter d' Ohre un lauft am halber fünfe ins eheliche Schlofzimmer ii. Sinni Frau schimpft: »Sag emol, wo kummsch du eigentlich um die Zit her?«

»Ha weisch, Schatz, du kennsch doch minni neu Sekretärin. Mit däre war ich zerschd ä bissli golfe un dann – bäng! Dann ä Kleinigkeit veschpere un dann – bäng, bäng! Un dann simmer noch zu ihre in d' Wohnung un dann – bäng, bäng, bäng!«

Sie lacht un sait: »Du Angeber! Kegle warsch! Hesch jo noch d' Kried hinter de Ohre!«

Schwerer Fehler im Büro. De Chef tobt: »Herr Schundelmeier! Sind nun Sie verrückt oder ich?«

»Aber Chef! Ä Mann mit Ihrem Niveau wird doch kei verrückter Mitarbeiter iinstelle!«

Ä jungi attraktivi Lehrerin gibt Uffklärungsunterricht in de finfte Klass. Am Schluss vun de Stund gähnt sie un frogt: »Hat noch jemand eine Frage?«

Da tönt's uss de vorledschd Reih: »Des hämmer gern! Zerschd machsch uns scharf un dann bisch miäd!«

Vun Lehrer
un andere Chefs

De Chef sait zu sinnem Chauffeur: »Also, Manni, ich muass der sage, minni Sekretärin isch im Bett genauso langwielig wie minni Frau!«

»Do hänn Sie Recht, Chef!«

De Chef trifft uffem Gang de Abteilungsleiter Schneider. »Mensch, Schneider! Braungebrannt, erholt – hatten Sie Urlaub?«

»Ha ja, Chef. Ich war 14 Dag in Brasilie!«

»Ach, Brasilien, herrlich!«

»Ha, ich war nit so begeischdert. Do git's jo nur Sonne, Strand, Fußballer un Nutte!«

Der Chef erschrickt: »Schneider, meine Frau kommt aus Brasilien!«

»Un bi willem Verein het sie kickt?«

De Chef het des Gfühl nit richtig akzeptiert zu sin un so hängt er demonstrativ ä Schild an sin Büro: »Ich bin der Chef!«

Nach de Mittagspaus hängt über dem Schild ä Zettel an de Tiier: »Ihre Frau hat angerufen. Sie will sofort ihr Schild zurück!«

Vun Ärzt, Apotheker un ...

Vun Ärzt,
Apotheker un ...

D' Frau vum alde Husdokter het sich bim Bauch-Beine-Po-Training 's Knieschüsseli verrängt un jetzt will er sie untersuche un sie babbelt un babbelt un babbelt! Irgendwenn mol sait er: »Schatz, streck mol d' Zung rus, bitte!«

Sie streckt drei Minute die Zunge rus un sait dann plötzlich ganz uffgregt: »Was soll ich eigentlich d' Zung russtrecke, wenn ich's am Knie hab?«

»Aber Liebling, ich hab doch nur in Ruh welle 's Rezept schriebe!«

D' Margret kummt zu ihrem langjährige Huusarzt un sait: »Ich will ä Ganzkörperuntersuchung! Du fangsch an minnem linken kleine Fußzeh an un gehsch nuff bis an minner Scheitel. Un kei Stell an minnem Körper bliebt ununtersucht!«

Der Dokter fangt an un wu er fertig isch, schittelt er immer nur de Kopf.

»Um Himmels wille!«, ruft d' Margret ganz verschrocke, »du schittelsch immer de Kopf! Stimmt ebbis nit mit mer? Fehlt mer ebbis?«

»Margret, du machsch mich wahnsinnig! Ich weiß genau, dass du dreimol verhierade warsch! Aber ich kann dich jetzt nochmol un nochmol untersuche! Du bisch un bliebsch ä Jungfrau! Des kann doch nit sii!«

D' Margret lacht un sait: »Oh, Dokter, des kann ich dir eifach erkläre: Minner erschde Mann, des war ä Architekt. Der het immer nur geplant. De zweite war ä Musiker. Der het immer nur spiele welle. Un de dritte Mann, des war de Beschd, des war ä Handwerker, der het immer nur gsait: »Margret! Näschd Woch fange mer an!«

Zwei älderi Dame hocke im Wartezimmer vun ihrem langjährige Husarzt. »Weisch, wu ich noch ä jungi Frau gsi bin, hab ich mich immer bi unserem Dokter ganz usziäge miän. Jetzt muaß ich immer nur noch d' Zung russtrecke!«

»Ja, ja! Es isch schun erstaunlich, was fiir Fortschritte die Medizin doch gmacht het!«

Ä Chirurg, ä Internist, ä Psychiater un ä Patholog gehn uff d' Entejagd. De Psychiater kriägt de erschde Schuss. Die Enten fliäge hoch, er iiberlegt un denkt: »Mensch! Wenn do jetzt ä Muttertier debii isch ...« Bis er sich endlich zum Schuss entscheidet, sin alli Ente weg.

De Internist legt an, zielt links unte, rechts unte, in d' Mitti, un bis er schießt, sin alli Ente weg!

De Chirurg setzt an, ballert sofort alli Kugle us dem Magazin un klopft im Patholog uff d' Schulter: »Kannsch du mol schaue, ob da ä Ent debii gsi isch!«

Vun Ärzt,
Apotheker un ...

D' Trudel kummt ganz uffgregt zu ihrem Dokter: »Stell dir vor! Geschdern hab ich ä Zwei-Euro-Stickli verschluckt!«

»Mach der kei Sorge, Trudel! Des kummt uff natierlichem Weg widder rus.«

»Ich mach mer aber Sorge! Hit morge isch zerschd ä Fuffzigerli kumme, dann ä Zehnerli un dann noch ä Zwanzigerli!«

»Ha, Trudel! Du bisch halt in de Wechseljohr!«

Ä junger Mann kummt mit hochrotem Kopf in d' Apothek. Der erfahrene Apotheker weiß sofort, um was es geht. »Ich bin hit bi minnere Freundin ihre Eltere zum Esse iiglade un derf dann 's erschde Mol dert iibernachte. Ich hätt gern ä ganz tolls Kondom!«

De Apotheker lacht un freut sich viehmäßig, dass er dem junge Kerli helfe kann, beratet ihn usführlich un sie verabschiede sich miteme herzliche Handschlag. Fünf Minute später steht der junge Mann widder da: »Ich hab noch ä Bitte! Die Mutter vun minnere Freundin ... die schaut mich immer so interessiert an. Ich glaub, ich nimm noch ä zweites Kondom mit. Aber was ganz Bsunderes!«

De Apotheker strahlt, holt ihm sin raffiniertestes Produkt un verabschiedet sich mit eme Zwinkere uneme ganz feschde Händedruck.

Am Obe sitzt der junge Mann am Esstisch un hebt sich ständig de Teller vor 's Gsicht.

Vun Ärzt,
Apotheker un ...

Sinni Freundin sait: »Wenn ich gwisst hätt, dass du so schlechti Tischmaniere hesch, hätt ich dich nit iiglade!«

Un er sait ganz deprimiert: »Un wenn ich gwisst hätt, dass dinner Vadder Apotheker isch, wär ich au gar nit kumme!«

Ä Mann beklagt sich bitter bi sinnem Apotheker: »Wissen Sie, ich glaube, meine Frau betrügt mich!«

»Ja, wie kumme Sie denn uff die Idee?«

»Wir sind umgezogen! Von Hamburg nach München. Dann von München nach Barcelona. Von Barcelona nach New York. Und jetzt wohnen wir in Lahr und haben immer noch den gleichen Briefträger!«

Ä Mann steht schwer atmend im ninte Stock vume Hochhus vor de Diier. »Herr Dokter, Herr Dokter! Sie miän mer helfe! Ich kriägs faschd nimmi verschnuuft!«

»Also, mein Herr, zuerst müssen Sie dringend abnehmen! Dann beginnen Sie mit leichtem Ausdauertraining. Ab sofort kein Alkohol und keine Zigaretten mehr. Aber – und das ist das absolut Wichtigste! – Sie brauchen sofort eine Brille; ich bin nämlich Rechtsanwalt!«

De Schmätterbur hockt ganz deprimiert bim Dokter un hiielt: »Jetzt hämmer doch acht Buabe un alles isch in Ordnung! Aber de achte Bua will eifach nit schwätze! Was soll ich nur mache?«

»Sepp, ich weiß au nimmi widder! Mir hän alli Untersuchunge gmacht, aber ich kann eifach nix finde! Weisch was, jetzt schnappsch der dinner Bua un fahrsch mitem nach Lourdes. Viellicht hilft jo ä Wunder!«

De Schmättersepp geht nachem Dokter glich an de Stammtisch in d' Krone, drinkt sinni vier, fünf Halbi, dann schnappt er de Bua un fahrt in de Nocht noch uff Lourdes. Am nächschde Morge ruft er deheim an: »Martha, ä Wunder! De Bua schwätzt!«

»Ja, was ware sinni erschde Worte?«

»Er het gsait: Vadder, du bisch ä Dolle!«

»Ha, du bisch jo au ä Dolle! Du hesch de falsche Bua debii!«

De Vadder muaß nachts uffs Klo. Wu er am Zimmer vom Sohn vorbeikummt, hört er, wie de Sohn bettet: »Lieber Herrgott! Pass bitte morge bsunders uff minni Oma un uff minni Eltere uff!«

Er denkt noch: »Mensch! De Bua het de Opa vergesse!« Am nächschde Morge liegt de Opa tot im Bett!

Zwei Woche später, die glich Situation. De Bua bettet widder: »Lieber Herrgott! Pass morge bitte bsunders uff minni Eltere uff!«

Vun Ärzt,
Apotheker un ...

De Vadder denkt »Ha nei! Er het d' Oma vergesse!«
Am nächschde Morge isch au d' Oma nimmi do!

Drei Woche später muaß de Vadder widder rus un
hört: »Lieber Herrgott! Pass bitte morge bsunders uff
minni Mutter uff!«

»Oh je! Jetzt wird's ernscht!« De Vadder macht am
nächschde Dag alles ganz vorsichtig, lauft ins Gschäft,
passt ganz bsunders uff un kummt am fünfi unbe-
schadet wieder vum Schaffe heim. Sinni Frau hockt in
de Kuchi. »Isch was Bsunderes gsi hit, Schatz?«

»Stell der vor – de Briefträger isch gstorbe!«

De Fritz sitzt bim Dokter un horcht ganz entsetzt
zu: »Fritz! 's sieht nit guad us! Du hesch Wasser in
de Fiäß, Stein in de Niere, Kalk in de Arterie ...«

»Wenn der jetzt noch saisch, ich hab Sand im
Hirn, dann fang ich sofort z' baue an!«

Winter. Iis uff de Stroß. De Briefträger isch mit sin-
nem Fahrrädli unterwegs un rutscht innere scharfe
Linkskurv uss. Die ganze Brief un Karde liege
uffem Bode. Uff allne Vieri krabbelt er uff dem
Bode rum, da haltet plötzlich ä Streifewage. Ä
Polizist stiegt uss un meint: »Gibt's eigentlich bi de
Poschd noch mäh so Deppe wie dich?«

»Nei! Ich bin de ledschd. Alli andere sin schun bi
de Polizei!«

Vun Ärzt,
Apotheker un ...

Polizeikontroll, nachts um drei Uhr. »Fahrzeugkontrolle! Ihren Führerschein und Ihre Fahrzeugpapiere, bitte!«

»Hab ich nit debii!«

»Oh, des isch nit so guad. Sagen Sie mir bitte Ihren Namen!«

»Franz Beckenbauer!«

»Also, horche Sie zu, Sie hän keini Papiere debii, ich frag Sie höflich um Ihren Name un Sie sage Franz Beckenbauer. Sie sage mir jetzt augeblicklich, wie Sie richtig heiße, sunschd hän Sie ä Problem! Wie heiße Sie?«

»Johann Wolfgang von Goethe!«

»Na, also! Geht doch!«

D' Hilde isch bi ihrem langjährige Dokter zur Untersuchung un ziägt sich grad widder an.

De Dokter sait: »Du, Hilde! Im Dorf verzehlt mer, du hättsch ä ganz junger Liebhaber!«

»Ha jo, Dokter! Ä schneidigs Bürschli! Er isch grad 25 wore!«

»Um Himmels wille, Hilde! Du bisch 79 un er 25! Jeglichi Iiberanstrengung im Bett kann zum sofortige Tod führe!«

»Ha! Wenn's ne nimmt, dann nimmts ne halt!«

Herr Pfarrer,
Herr Pfarrer!

Im Dorf sin zwei Männer bime Verkehrsunfall um's Läbe kumme. De Kempfe Paul un de Runge Willi. De Pfarrer het sich bi de Beerdigung richtig niigsteigert un het am Schluss vun sinnere Ansprach briält: »Kempf! Du hast ausgekämpft! Und Runge, du hast ausgerungen!«

In de erschde Reih isch de Gemeinderat Schiess gstande un het zum Burgermeischder gsait: »Vun dem kann ich mich nit beerdige lasse!«

De Pfarrer isch 85 wore un de Burgermeischder het ne gfrogt: »Was solle mir dir zum Geburtstag schenke?«

»Ach. Ich bruch doch nix mäh! Nur ein Wunsch hab ich: Ich mecht, dass 's ganze Dorf am Sunndig in de Kirch isch. Alli Verein! Groß un klei! Un dann geh ich uff d'Kanzel nuff un sag eich, was ich mir wünsch.«

Die Kirch war grammelt voll un de alde Pfarrer het vun de Kanzel runtergsproche: »Liebe Gemeinde! 85 bin ich hit un ihr froge mich, was ich will. Ich will eins: Solang ich läb, will ich niä mäh bi de Bichti höre miän: ›Ich bin fremdgegangen.‹ Da des aber bi uns leider in de Gemeinde vorkummt, will ich, dass wenn einer oder eini des bichte muaß, ab sofort sait: ›Ich bin obe am Friedhof usgrutscht.‹«

Die ganz Kirch het glacht! Aber es het sich iinge-bürgert. Wenn einer des bichte het miän, isch er halt obe am Friedhof usgrutscht. Mit 97 isch de Pfarrer in de Himmel kumme un ä ganz junger Mann isch sin

Nachfolger wore. De Burgermeischder het gsait: »Ich will de neie Pfarrer in de Gemeinderatsitzung sähne. Ich will wisse, ob's ihm bi uns gfallt.«

Un de Pfarrer het berichtet: »Tolle Gemeinde, toller Organist, wunderbarer Kirchenchor – alles hervorragend! Ich habe nur ein Problem: Am Friedhof oben stimmt was nicht. Ständig rutschen Leute aus!« De ganze Gemeinderat het viehmäßig glacht, am lutschde de Burgermeischder.

Dann het de Pfarrer gsait: »Herr Bürgermeister, Sie müssen gar nicht lachen! Ihre Gemahlin hat's erst am Wochenende wieder zweimal am Friedhof oben erwischt!«

De Pfarrer isch schun 90 gsi. Un sinner Messmer 93. Mitte in de Mess het de Pfarrer de Messmer gfrogt: »Du, Franz! Hämmer eigentlich schun Wandlung ghet?«

»Ich weiß es nit, Herr Pfarrer! Was solle mer mache?«

»Ich mach jetzt do eifach widder un du gehsch in d' letzschd Bank, dert hockt de Metzger. Dänne frogsch!«

De Messmer isch durch d' Kirch ghumpelt un wu er endlich an de hinterschde Bank war, het er de Metzger g'frogt: »Du, Friedel! Hämmer eigentlich schun Wandlung ghet?«

»Ich weiß es nit, Franz. Uff euch zwei pass ich schun ä Wili nimmi uff!«

Herr Pfarrer,
Herr Pfarrer!

De Dorfpfarrer isch am Stammtisch ghockt un het gsait: »Unseri Kirch isch ä bissli klei! Wenn alli niigienge, gienge nit alli nii, aber will niä alli niigän, gän alli nii!«

De Pfarrer het ibber die Zehn Gebote predigt. Un wo er iiber »Du sollst nicht stehlen!« philosophiert het, isch ihm uffgfalle, dass de Theo in de erschde Bank plötzlich ganz unruhig wore isch. Un immer widder het er während de Predigt dänne nervöse Theo beobachtet. Wu er schließlich bi »Du sollst nicht ehebrechen!« ankumme isch, het er gmerkt, dass de Theo plötzlich ganz entspannt glächelt het! Nach de Kirch het er de Theo gfrogt: »Was war denn mit dir hit au nur los?«

»Weisch, ich hab doch minner Regeschirm verlore. Un wu du's vum Stehle ghet hesch, hab ich mir d' ganz Zit iiberlegt, wer mir dänne Schirm wohl gstohle het! Aber dann bisch ja zum Glick noch zum Thema Ehebreche kumme un dann war mir sofort klar, wo minner Schirm steht!«

Ä jungs Ehepäärli het unbedingt Kinder welle. Sie hän alles probiert, aber es het eifach nit klappt. De Mann het gsait: »Schatz, jetzt mache mer noch ein Versuch! Mir froge unsere Pfarrer un wenn der uns au nit helfe kann, dann bliebe mer halt kinderlos.«

Herr Pfarrer,
Herr Pfarrer!

De Pfarrer het gsait: »Ihr fahre jetzt nach Frankrich un in de weltberühmte Grotte vun Lourdes, do stifte ihr ä Kerzli, zünde des Kerzli an, bette ä Vater unser un alles wird guad!«

Johre später isch der Pfarrer am Hiisli vun dem Ehepaar vorbeigloffe un het sich an die Gschicht erinnert. Er het klingelt un ä kleins Maidli het uffgmacht. Er het sich gfreit, wu er des Kind gsähne het un het gfrogt: »Kann ich dinni Mama spreche?«

»Nei, Herr Pfarrer! D' Mama isch grad im Krankehuus un kriägt ihr zehntes Kind.« Do het sich de Pfarrer halt viehmäßig gfreit, dass sinner Rat mit dem Kerzli in Lourdes so gholfe het un er het des Maidli gfrogt: »Kann ich dann wenigschdens de Papa spreche?«

»Nei, Herr Pfarrer, des geht au nit. Der isch irgendwo in Frankrich unterwegs un blost Kerze uss!«

De Pfarrer hockt am Stammtisch in de Sunne un de Wirt frogt ne: »Wie lauft's eigentlich so, Herr Pfarrer?«

»Oh, Siegfried, hör mer uff! Nur noch Sünd im Dorf! Schun die Erschd hit Morge bim Bichte, schwerer Ehebruch!«

Kurz druff später kummt d' Sunnewirti strahlend an de Stammtisch: »Gell, Herr Pfarrer, wenn alli so fleißigi Kirchgänger wäre wie ich, des wär scheen! Hit Morge war ich sogar die Erschd bim Bichte!«

Herr Pfarrer,
Herr Pfarrer!

Ä Kardinal isch am Bahnsteig gstande un het gsähne, wie plötzlich ä Admiral uff ne zukumme isch. Die zwei ware Schuelkamerade, hänn sich aber schun in de Schuel nit liiede könne. Der Kardinal isch sehr, sehr dick gsi un de Admiral war natierlich in Uniform, mit viele, viele Orde dran. Irgendwenn isch die Stille faschd peinlich wore un de Kardinal het gfrogt: »Sagen Sie mal, Herr Bahnhofsvorsteher, können Sie mir sagen, wann der nächste Zug nach Freiburg fährt?«

De Admiral het g'antwortet: »Das kann ich Ihnen gerne sagen, gnädige Frau! Aber in Ihrem Zustand, würde ich nicht mehr reisen!«

Un des isch de Lieblingswitz vun viele Pfarrer im Badnerland: De Moses un de Jesus spiele Golf. De Balle liegt sehr schlecht. Des Fähnli mitem Loch isch viehmäßig wit weg un ä großer See liegt au noch devor. De Moses fragt de Jesus: »Was fiir ä Schläger nimmsch?«

»'s Dreier-Iise!«

»Ha, des langt der doch niä im Läbe! Du muasch 's Zweier-Iise nämme!«

»Aber de Tiger Woods nimmt au immer 's Dreier-Iise!«

»Aber du bisch nit de Tiger Woods! Du bisch doch de Jesus!«

»Lass mich nur mache!« Jesus schlagt ab un de Balle landet mitte im See!

Herr Pfarrer, Herr Pfarrer!

Moses sait: »Ich hab ders jo gsait!« Moses geht, teilt des Wasser, holt dänne Balle un legt ne widder uff de Abschlagpunkt.

»Jetzt nimmsch aber 's Zweier-Iise!«

De Jesus antwortet: »Ich nimm 's Dreier-Iise, des nimmt de Tiger Woods au immer!«

»Aber du bisch nit de Tiger Woods!«

»Jetz lass mich halt mache!« Jesus schlagt ab un de Balle landet widder genau am gliche Punkt im See.

De Moses sait: »Ich hab ders gsait! Jetzt holsch de Balle aber grad sälber!«

Jesus lauft iiber des Wasser, da kummt ä anderer Golfer vorbei, sieht dänne Mann iibers Wasser laufe un frogt de Moses: »Sage Sie mol, der Mann da, wu iibers Wasser lauft, denkt der, er isch de Jesus?«

Dann het de Moses gsait: »Nei! Er denkt, er isch de Tiger Woods!«

D' Sofie het sich bim Pfarrer widder emol bitter iiber ihren Mann beklagt. Schließlich het de Pfarrer gmeint: »Also, Sophie! Alli drei, vier Woche kummsch zu mer un beschwersch dich iiber dinner Fritz. Aber jedes Johr kriägsch ä Kind vunem!«

»Jo, Herr Pfarrer! Ich weiß es jo, aber was macht mer nit au alles in de Wuet!«

Herr Pfarrer, Herr Pfarrer!

De ald Dorfpfarrer het Bsuch ghet vum ä junge Vikar. Un der junge Kerli het immer die scheen Hushälteri vun sinnem alde Kolleg begutachtet. Der het des natierlich gmerkt un het gsait: »Junger Mann! Ich sieh, was du denksch, aber sei beruhigt, d' Maria isch wirklich nur minni Hushälteri.«

Ä Woch später isch d' Maria zum Pfarrer kumme: »Chef, es isch mer grad peinlich, aber sit der Vikar bi uns zum Esse war, fehlt unseri groß silberni Vorleggabel.«

De Pfarrer het sich jetzt nit vorstelle könne, dass der Vikar die Gabel gstohle het, aber er het ihm ä Brief gschriebe: »Junger Kollege, ich sage jetzt nicht, du hättest unsere silberne Vorlegegabel gestohlen. Aber Tatsache ist: Seit du bei uns warst, ist unsere Gabel verschwunden.«

Drei Dag später kam dann de Brief vum Vikar: »Lieber Kollege, ich sage jetzt nicht, Sie würden mit Ihrer Haushälterin schlafen. Aber Tatsache ist: Sie hätten die Gabel schon längst gefunden, wenn Sie in Ihrem eigenen Bett schlafen würden!«

Zwei Pfarrer unterhalte sich un de eine sait: »Schlechti Zite, keini Hochzite, keini Bestattunge!«

»Ja, ja«, meint de ander. »Un wenn mer nit ab un zu unter d' Lit ging, gäbs au keini Taufene mäh!«

Kuddel-muddel

Kuddelmuddel

Ä sehr attraktivi Dame kummt zum Schuh kaufe nach Lahr un steuert direkt uff de Chef zu: »Ich brauche dringend neue Schuhe! Form und Farbe sind völlig egal! Nur ganz flache Absätze müssen sie haben!«

De Verkäufer isch überrascht un frogt: »Ja, zu was möchte Sie denn die Schuh trage?«

»Zu einem kleinen, fetten Millionär!«

De Sohn vum alde Landarzt het 's Medizinstudium beendet un macht fiir de Vadder Urlaubsvertretung. Wu de Papa widder deheim isch, sait de Sohn ganz begeistert: »Also Papa, ich habe dir den Herrn Huber, die Frau Winterhalter und die Frau Becherer endlich geheilt. Mensch, die waren ja jahrelang bei dir in Behandlung!«

De alde Landdokter seufzt: »Ja, ja, Bua, des stimmt. Die drei hänn zum große Teil din Studium bezahlt!«

Ä junger Mann kummt ins Sternelokal un ä bildhübschi Bedienung bringt ihm d' Speisekart. Er isch sofort Feuer un Flamme un wu des Fräulein ihn drei Minute später frogt, was er will, sait er: »Ä Quickie!«

Sie isch entsetzt un verärgert, aber de Chef sait jo immer: »De Kunde isch König!« Drei Minute später geht sie widder hii un frogt: »Sie wünschen, mein Herr?«

Er sait widder mit glänzende Auge: »Ä Quickie!«

Sie iiberlegt nit lang un bätscht ihm eini. Ä älderer Herr am Nachbartisch het des beobachtet un meint: »Junger Mann! Ich möchte mich ja nicht einmischen, aber ich glaube, man schreibt es ›Quiche‹ un spricht es ›Kisch‹ aus!«

Ä Bauchredner erzählt ein Blondinewitz nach dem andere. Plötzlich steht ä blondi Frau vor ihm un beschwert sich: »Du Mischdkerli! Was verzapfsch denn do so blödsinnige Sache iiber uns? So bleed sin mir Blondine nit!«

De Bauchredner verteidigt sich: »Aber, jungi Frau, rege Sie sich doch nit uff! Des sin doch nur harmlosi Witzli!«

»Mit Ihne hab ich's doch gar nit! Ich schwätz mit dem kleine Drecksack uff Ihre Knie!«

De Sohn erzählt ganz fasziniert sinnem Vadder: »Babbe! Hit hämmer in de Schuel glehrt, in Afrika do git's Stämm, do lehre die Männer ihri Fraue erschd nach de Hochzit kenne!«

De Vadder mit Blick uff sinni Frau: »Des isch nit nur in Afrika so, Bua!«

D' mollig Gerda frogt ihren Tanzpartner: »Geht dir bim Tanze mit mir nit die Puschte uss?«

Er lacht un sait: »Nei, Gerda! Ich schaff in de Brauerei un bin's gwöhnt Fässer z' rolle!«

Des junge Päärli liegt glücklich im Bett un er sait ganz vertraimt: »Ab sofort sag ich Eva zu dir!«

»Aber ich heiss doch Marion!«

»Aber ich sag Eva, will – du warsch minni erschd!«

Sie het ä bissli iiberlegt, dann glacht un gsait: »Dann sag ich Peugeot zu dir!«

»Peugeot?«

»207!«

De Mann kummt vum Schaffe heim un sinni Frau frogt: »Hesch 's Geburtstagsgschenkli fiir dinni Tochter kauft?«

»Oh je! Des hab ich total vergesse!«

»Mensch, Mann! Du gehsch jetzt sofort in dänne Spielzeuglade un kaufsch dinner Tochter ä Barbie-Pupp!«

»Aber Schatz, ich kenn mich doch do nit uss!«

»Nix do! Es isch au dinni Tochter! Un die Verkäuferinne solle dich berate!«

Er stolpert in dem Spielzeuglade rum un studiert die viele verschiedene Barbie-Puppen. Schließlich frogt er ä Verkäuferin: »Sage Sie mol, do git's

Kuddelmuddel

›Barbie geht zum Opernball‹ fir 19,95. Un ›Barbie geht ins Schwimmbad‹ fir 19,95. ›Barbie geht in den Urlaub« fir 19,95. Un dann git's noch ›Barbie nach der Scheidung‹ un die koscht 295.95. Wie kummt des?«

»Ha, wisse Sie! Bi ›Barbie nach der Scheidung‹ isch natierlich au debii: ›Kens Haus‹, ›Kens Auto‹ un ›Kens Motorrad‹.«

Mutter und Tochter diskutieren über das Thema Männer und die Tochter meint: »Mama, ich hätt jo wirlich mäh Vertrauen in dinni Ratschläge, wenn der de Babbe nit ghierode hättsch!«

Ä Schlang an de Kass im Supermarkt. Ä Mann sieht, wie ihn die attraktiv Frau hinter ihm freundlich anlächelt un er frogt: »Kenne mir uns?«

Sie lacht un antwortet: »Ich bin mir nicht ganz sicher, aber Sie müssten der Vater eines meiner Kinder sein.«

Er verschrickt un erinnert sich zruck an sinner einzige Usrutscher: »Ja, bisch du dann die Stripperin, die ich an minnem Junggeselleabschied uffem Billardtisch vor de Auge vun minne Kumpels vernascht hab?«

»Nein«, sait sie ganz lässig, »ich bin die Klassenlehrerin von Ihrem Sohn!«

Bi de Tierzuchtveranstaltung isch folgender Ablaufplan uff de Tisch usgläge:

11 Uhr Eintreffen der Jungtiere und Zuchtbullen

12 Uhr Eintreffen des Landrats und der Herren Bürgermeister

13 Uhr Gemeinsames Mittagessen

Ä Freiburger Stadtfrau het sich bi IKEA ä Schlofzimmerschrank kauft, het dänne Schrank au sälber uffbaut, des Ding isch einwandfrei gstande, dann isch d'Stroßebahn vorbiigfahre un de Schrank isch zsämmebroche. Nachdem ihr des dreimol passiert gsi isch, het sie sich ä IKEA-Servicemann ins Hus gholt. Dem isches aber genauso gange. Wu d' Stroßebahn kumme isch, isch immer alles zsämmekracht!

De Meischder het gsait: »Gnädige Frau! De Fehler steckt irgendwo im Detail. Ich bau jetzt de Schrank uff, kletter dann in de Schrank nii un wenn wieder d' Stroßebahn kummt, dann sieh ich genau, wo's zsämmekracht.«

»Aber zerschd trinke Sie ä Schlickli! Un dann ziäge Sie sich ä bissli uss, des isch bestimmt viehmäßig heiß in dem Schrank.«

Gesagt, getan. De Meischder sitzt in de Unterhos im Schlofzimmerschrank. Do kummt de Ehemann plötzlich heim, sieht Gläser, Männerkleider un sinni Frau im Schlofzimmer, risst die Schlofzimmerschranktür uff un sieht dänne IKEA-Mann im Schrank. »Was mache Sie eigentlich in minnem Schlofzimmerschrank?«

»Sie wäre's nit glaube, aber ich wart uff d' Stroße-bahn!«

Ä Maidli het zu ihrer beschde Freundin gsait: »Geschdern war ich mitem Brad Pitt im Bett!«

»Ha, des glaubsch jo sälber nit!«

»Doch! Ich war in Freiburg in de Disco un hab ä Wahnsinnstyp abgschleppt. Im Bett het der mich gfrogt, was ich eigentlich vun Beruf bin. Ha, do hab ich halt ä bissli angänn un gsait: ›Ich bin Schauspielerin!‹«

»Ja, un dann?«

»Ja dann het er gsait: ›Wenn du Schauspielerin bisch, dann bin ich de Brad Pitt!‹«

Anruf bi de Bundeswehr. Ä schneidigi Stimm briält ins Telefon: »Was für Fahrzeuge sind da?«

De Gefreite antwortet ganz locker: »Nur de Jeep, mit dem de General mit sinnem fette Hintere durch d' Gegend fahrt!«

Drei Sekunde Stille, dann: »Was erlauben Sie sich? – Ich bin der General!«

»Ja, wisse Sie au, wer ich bin?«

»Nein!«

»Ha, dann geh us de Leitung, du Fettsack!«

Kuddelmuddel

»Hallo, **Frau Fischer,** ich wott Ihr Sohn zum Fische abhole.«

»Wir haben keinen Sohn, nur eine Tochter. Und wir heißen auch nicht Fischer, sondern Vogel!«

»Des weiß ich doch, aber ich hab halt nit mit de Diier ins Hus keie welle!«

Ä Blondine sitzt bi »Wer wird Millionär«. De Jauch sait: »Sie haben 500 000 Euro, keinen Joker mehr, und wenn Sie die nächste Frage richtig beantworten, dann gewinnen Sie eine Million Euro. Wenn Sie aber falsch antworten, dann fallen Sie zurück auf 16 000 Euro. Sind Sie bereit?«

»Aber klar doch, auf geht's!«

»Gut, hier kommt Ihre Frage für eine Million: Welcher der folgenden Vögel baut kein Nest? Ist es a) Spatz b) Dompfaff c) Kuckuck d) Amsel?«

Sie antwortet sofort: »Ganz klar, des isch de Kuckuck.«

»Sind Sie sicher?«

»Aber klar doch! C! Kuckuck!«

Jauch frogt sie noch mindestens fimf Mol, aber sie isch sich sicher: »Kuckuck!«

Un endlich sait de Günter Jauch: »Und das ist richtig! Sie haben eine Million gewonnen!«

Nach de Show geht die Blondine mit ihrer Freundin Champagner trinke un die Freundin sait: »Sag mol, Gabi! Woher hesch des gwisst mit dem Kuckuck?«

Kuddelmuddel

»Aber Moni, des weiß doch jedes Kind! De Kuckuck wohnt in de Schwarzwalduhr!«

Ä Frau golft un verschlagt ä Balle viehmäßig. Als sie vergeblich im Gebüsch rumsucht, findet sie ä kleiner Frosch, der inere Falle sitzt. Kurz entschlosse holt sie ihr Taschetuch russ un befreit des arme Tierli. Un der Frosch sait: »Gnädige Frau, Sie haben mir das Leben gerettet und haben drei Wünsche frei. Aber – alles, was Sie sich wünschen, bekommt Ihr Mann zehnfach!«

Sie überlegt kurz un sait: »Ich wär gern die schönste Frau vun Baden!«

De Frosch meint: »Wenn Sie die schönste Frau von Baden sind, wird Ihr Mann der schönste Mann von der Welt und den schönsten Mann der Welt hat man nicht für sich allein!«

»Egal!«

Sie wird d' schönst badisch Frau un wünscht sich dann ä Traumvilla direkt am Bodensee. De Frosch sait: »Sie kriegen natürlich die Villa am Bodensee, aber Ihr Mann bekommt ein Traumhaus mit Parkanlage und vier Swimmingpools direkt am Strand von Hawaii!«

»Egal!«

»Was ist nun Ihr dritter Wunsch?« Sie schmunzelt ä bissli un sait dann: »Jetzt wünsch ich mir ä ganz, ganz lichti Herzattacke!«

Kuddelmuddel

Ä Italiener kummt in ä Disco miteme T-Shirt, do steht druff: »Deutsche haben drei Probleme!« Nach zehn Minute stupft ne so ä kahlköpfiger Typ an: »Sag mal, Spaghetti – was soll das heißen mit dem T-Shirt?«

»Siehst du, Bello! Problem Numero eins – ihr seid zu neugierig!«

Zehn Minute später isch de Italiener bim Tanze un de Glatzkopf kummt miteme Kumpel uff ne zue un sie packe de Italiener am Arm. »Seht ihr, Jungs: Problem Numero 2 – ihr seid zu aggressiv!«

Ä Stund später verlasst de Italiener in Begleitung vun zwei wunderschöne Dame die Disco. Drusse stän zehn Glatzköpf mit Messer in de Händ. De Italiener verabschiedet sich miteme Küssli vun sinni Begleiterinne, geht ganz locker uff sinni Gegner zu un sait: »Und seht ihr! Problem Numero drei – ihr kommt zu Schießerei mit Messer!«

Im Kino hört mer ä empörti Frauestimm: »Nämme Sie sofort die Hand vun minnem Knie!«

Zehn Sekunde später die sälb Stimm, diesmol ganz sanft: »Nei, Sie doch nit!«

Finale!

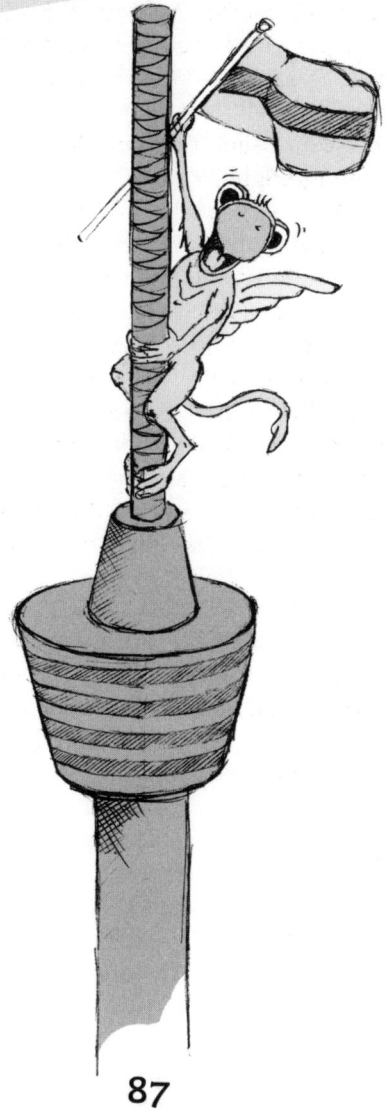

Finale!

Managerseminar in Freiburg. Manager uss de ganze Welt treffe sich in de Neue Messe. De Trainer spricht: »Das Wichtigste für einen modernen Manager ist die Allgemeinbildung! Darum machen wir nun einen kleinen Test. Ich lese Anfänge von Gedichten und Zitaten vor, Sie sagen mir, wer hat das geschrieben, in welchem Jahr und wie heißt das Gedicht.«

In de ledschde Reih sitzt ä Manager us Lenzkirch un murmelt vor sich hii: »Des wird nit guad fiir mich!«

De Trainer legt sofort los: »Erste Frage: ›Vom Eise befreit sind Strom und Bäche.‹«

In de erschde Reih sitzt ä kleiner Japaner un der springt hoch un briält: »Johann Wolfgang von Goethe, Osterspaziergang, 1806!«

Un de Trainer sait: »Fantastisch!«

De Lenzkircher bruddelt vor: »Der macht mich ganz nervös, der Japaner!«

Un schun geht's widder. De Trainer sait: »Zweite Frage, viel einfacher. Alle dürfen wieder mitmachen, auch der Herr in der letzten Reihe! ›Der Mond ist aufgegangen, die goldnen Sternlein prangen‹«

Un de Japaner springt widder hoch: »Matthias Claudius, Abendlied, 1799!«

De Lenzkircher dreht faschd durch: »Der macht mich noch wahnsinnig, der Japaner!«

Un de Trainer lobt begeischdert dänne Mann us Asie: »Ganz hervorragend, junger Mann!« Dann sait er: »Und nun die letzte Frage, ganz einfach! Vielleicht das Richtige für den Mann in der letzten

Reihe! Strengen Sie sich an! ›Fest gemauert in der Erden ...‹«

De Japaner springt uff: »Friedrich Schiller, Das Lied von der Glocke, 1799!«

Un de Lenzkircher verliert d' Fassung un briält vor: »Scheiß Japaner!«

Der Japaner springt widder uff un briält: »Max Grundig, Cebit Hannover, 1982!«

Ä Liebespäärli isch Mitte im Liebesspiel, da ruft sie entsetzt: »Schatz, um Himmels wille! Hops schnell ussem Fenschder! Minner Mann kummt heim – ä Katastrof!«

Nackig wie er isch steht er dann vor dem Schlafzimmerfenschder. Es rägnet viehmäßig un isch fürchterlich kalt. Do kummt plötzlich ä Jogger um's Eck un der Mann denkt: »Mensch! Mit dem lauf ich jetzt grad ä Stickli mit. Des gibt mir warm!«

Die beide laufe ä paar Minute näbenander her, do sait de Jogger: »Sage Sie emol! Jogge Sie eigentlich immer nackig?«

»Ich jogg immer nackig!«

»Un immer mit Kondom?«

»Nei! Nur wenn's rägnet!«

Finale!

Ä Polizist bereit anere große Bundesstraß ä Radar-fall vor un de Verkehr fließt viehmäßig! Wu er anfange will z' blitze, merkt er plötzlich, dass uff einere Straßesit wahnsinnig Verkehr isch, aber uff de andere Sit überhaupt nix mäh geht! Er nimmt 's Fernglas russ un sieht ganz hinte ä großer BMW, wu ganz langsam fahrt un ä Rieseschlang, wu nit iiberhole kann. Er hockt sich hinter sin Radargerät un misst dänne BMW. 17 km/h! »Ha, des git's jo nit!« Er schwingt sich uff sin Motorrad un stoppt des Fahrzeug. Am Steuer ä Oma mit mindeschdens 90! »Gnädige Frau, geht's Ihne guad?«

»Danke der Nachfrage, Herr Polizist, mir geht es sehr gut!«

»Gnädige Frau, Sie sin soebe 17 km/h gfahre.«

»Herr Polizist, das weiß ich! Da stand ein gelbes Schild und da stand 17 drauf.«

»Aber, gnädige Frau! Des isch doch die B 17; die Bundesstraße 17!« Im sälbe Moment sieht er drei älderi Dame bleich un zitternd uffem Rucksitz hocke un er frogt eini vun dänne Omas: »Gnädige Frau, geht's Ihne au guad?«

»Danke der Nachfrage, Herr Polizist, mir geht's wieder etwas besser! Wissen Sie, wir kommen direkt von der B 280!«

De Hans war Versicherungsvertreter un het ä Familie uffem Dorf angrufe. Ä ganz leise Stimme het sich am Telefon gmeldet: »Hallo?«

Finale!

De Hans het gsait: »Hallo! Hier isch de Huber Hans vun de Versicherung. Mit wem spreche ich?«

Ganz leise kam ussem Hörer: »Midem Fritz!«

»Hallo Fritz! Kann ich de Papa oder d' Mamma spreche?«

»Des geht nit. Die sin im Schlofzimmer.«

»Also guad, Fritzli! Ich ruf innere halbe Stund widder an.«

Ä halbi Stund später – 's gliche Spiel: ganz leise: »Hallo?«

»Hallo, Fritz! Ich bin's widder, de Huber Hans vun de Versicherung. Sind d' Eltere noch im Schlofzimmer?«

»Nei! Jetzt sin sie im Bad!«

De Hans sait: »Weisch was, Fritz? Ich ruf innere Viertelstund widder an!«

15 Minute später: »Hallo?«

»Fritzli! Ich bin's widder, de Huber Hans. Kann ich jetzt dinni Eltere spreche?«

Ganz leise: »Nei! Jetzt sin sie im Keller!«

De Hans het sich gwundert un gsait: »Ja, sag emol, zerschd sin sie ä halbi Stund im Schlofzimmer, dann ä Viertelstund im Bad, jetzt im Keller? Was mache die eigentlich?«

»Die suche mich!«

Finale!

De Sohn frogt de Papa: »Du, Babbe! Hit hämmer's in de Schuel vum Thema Politik ghet. Un de Lehrer het's uns eigentlich au ganz guad erklärt. Aber ich hab's vergesse. Kannsch du mir erkläre, was Politik isch?«

De Vadder lacht un sait: »Aber klar doch, ich erklär dir Politik an Hand vun unsere Familie: Schau, ich bring's Geld heim, ich bin de Kapitalismus. Un dinni Muader, die wu alles versorgt, verwaltet un organisiert, die isch die Regierung. Un unser Dienschdmaidli, wu fiir uns kocht, wäscht un bügelt, des isch die Arbeiterklasse. Un warum mache mir des alles? Fiir dich, dass es dir guad geht! Du bisch nämlich des Volk. Un dinner klei Bruader, wu noch in de Windle liegt, der isch die Zukunft.«

De Bua war ganz glicklich mit däre Erklärung un kurz vorem Iinschlofe het er nochmol alles zsämmegfasst: De Papa isch de Kapitalismus, d' Mama isch d' Regierung, d' Monika d' Arbeiterklasse, er sälber 's Volk un 's Mäxli die Zukunft! Glicklich isch er iigschlofe un dann aber ball vume wahnsinnige Gstank uffgwacht. Sin Bruader het d' Windle voll ghet! Er het welle im Schlofzimmer vun de Eltere Hilf hole. De Babbe war gar nit do un d' Mamme het gschnarcht. Dann isch er ins Schlofzimmer vum Dienschtmaidli un verwischt de Vadder in »voller Aktion«.

No het er ä Schrei fahre glosst, bis alli antrete sin un dann het er gsait: »Ich sag eich, was Politik wirklich isch: De Kapitalismus unterdrückt die Arbeiterklasse, d' Regierung schloft, des Volk wird ignoriert un die Zukunft – die liegt in de Scheiße!«

Finale!

's **Rathuus** in Kuhbach soll frisch gstriche wäre. De Verwaltungschef, de Becke Arthur ruft im Nachbarort Richebach de Busam-Maler an: »Du, Rainer, derfsch viellicht 's Rathuus striche! Was verlangsch uns?«

»30 000!«

»Mensch! Wie kummsch so schnell uff die Summ?«

»Arthur, des isch ganz eifach: 10 000 Farb un Material, 10 000 minni Arbeiter un 10 000 fiir mich!«

De Arthur het sich alles notiert un het dann in Seelbach, dem nächschde Nachbarort, de Maier-Maler angrufe: »Kurt! Derfsch viellicht in Kuhbach 's Rathuus striche! Was willsch?«

»60 000!«

»60 000? Ja, wie kummsch so schnell uff so ä Riesesumm?«

»Des isch ganz eifach, Arthur! 20 000 Farb un Material, 20 000 minni Arbeiter un 20 000 fiir mich!«

De Arthur het widder alles uffgschriebe un dann de Kuhbacher Maler, de Griesbaum Hermann angrufe: „Hermann! Gröschde Ehre fiir Dich! Du derfsch in dinnem geliebte Heimatort Kuhbach 's Rathuus striche! Was verlangsch uns?«

»90 000!«

De Arthur het in de Hörer niibriält: »90 000? Ja, bisch noch ganz sauber? De Richebacher verlangt 30 000 un de Seelbacher verlangt 60 000! Un du als Kuhbacher verlangsch 90 000! Ja, wie kummsch au uff die Summ?«

»Arthur, pass guad uff: 30 000 fiir Dich, 30 000 fiir mich un fiir 30 000 lämmer's grad de Richebacher striche!«

Finale!

Ä Polizist stoppt ä jungi Frau, die in de 30er-Zone mit 80 verwischt wore isch. »Kann ich bitte Ihren Führerschein sehen?«

»Hab ich keiner mäh! Dänne hänner mer schun d' ledschd Woch gnumme, will ich 's dritte Mol bsoffe verwischt wore bin!«

»Oh je! Kann ich dann bitte den Fahrzeugschein sehen?«

»Des isch nit min Auto, des hab ich klaut!«

»Der Wagen ist geklaut?«

»Ha ja, aber lasse Sie mich kurz iiberlege, ich glaub, dänne Schein hab ich im Handschuhfach gsähne, wu ich minni Pistol niiglegt hab!«

»Was? Sie haben eine Pistole im Handschuhfach?«

»Natierlich! Die Pistol hab ich ins Handschuhfach gschmisse, nachdem ich die Besitzerin vun dem Wage verschosse hab un die Leich dann in de Kofferraum glegt hab!«

»Was? Sie haben eine Leiche im Kofferraum?«

»Ha, natierlich!«

Der Polizist ruft sofort iiber Funk sinner Chef un Verstärkung. Der Wage wird vun zehn Polizeiste umstellt un de Chef frogt die Fahrerin: »Kann ich bitte Ihren Führerschein sehen?«

»Selbstverständlich!«

Sie zeigt ihm de gültige Führerschein. »Wessen Auto ist das?«

»Miens, natierlich! Do sin die Papiere.«

Sie zeigt ihm de gültige Fahrzeugschein.

»Können Sie bitte noch das Handschuhfach öffnen, ich möchte kurz prüfen, ob Sie dort eine Pistole deponiert haben.«

»Natierlich, aber ich hab noch niä ä Pistol ghet!« Es war natierlich au kei Pistol im Handschuhfach.

»Kann ich dann noch einen Blick in Ihren Kofferraum werfen. Mein junger Mitarbeiter sagt mir, dass Sie darin eine Leiche haben.«

»Natierlich, gern!« Im Kofferraum isch nix.

De Polizeichef rätselt: »Das verstehe ich jetzt überhaupt nicht. Der Polizist, der Sie angehalten hat, sagte mir, dass Sie keinen Führerschein, das Auto gestohlen, eine Pistole im Handschuhfach und eine Leiche im Kofferraum haben.«

»Super! Un ich wett, er het au noch behauptet, dass ich in de 30er-Zone 80 gfahre bin!«